经营孩子的人生
——锻造天之骄子

李明举 著

中国商业出版社

图书在版编目（CIP）数据

经营孩子的人生：锻造天之骄子 / 李明举著. —
北京：中国商业出版社，2017.7
 ISBN 978-7-5044-9968-4

Ⅰ.①经… Ⅱ.①李… Ⅲ.①家庭教育 Ⅳ.①G78

中国版本图书馆 CIP 数据核字(2017)第 176737 号

责任编辑：朱丽丽

中国商业出版社出版发行
(100053　北京广安门内报国寺 1 号)
010-63180647　www.c-cbook.com
新华书店经销
大厂回族自治县彩虹印刷有限公司

*

720×1000 毫米　1/16 开　14 印张　200 千字
2017 年 8 月第 1 版　2017 年 8 月第 1 次印刷
定价：38 元

****

（如有印装质量问题可更换）

前　言

问问自己：我的孩子是天之骄子吗？

关于孩子的教育，很多人都会说：这是一个拼爹的年代。为何？如果不是这样，为什么孩子已经很努力了，却依然无法取得自己想要的成绩？如果不是这样，为何孩子已经大学毕业了，还找不到理想的工作？如果不是这样，为什么……太多的"如果"，让很多家长都忽视了孩子自身的重要性。

不要觉得只有你的孩子受了委屈。为何只有你的孩子大学毕业后找不到工作，别人家的孩子却能找到，难道他们都有能干的爹！

孩子的成长之路需要他们自己去走，如果他们停了下来，多半是因为自身在某方面出了问题，比如：性格、能力、品质、为人等。而这些，都不是仅仅依赖学校教育就能解决的。

家庭是孩子生活的中心，父母是孩子最重要的养育者，忽视了家庭和父母对孩子的教育和影响，即使孩子是个神童，他的才华也会被扼杀掉。

每个家长都希望自己的孩子能够成为上天的宠儿，能够成为自己的骄傲，每个家长都希望自己能够培养出优秀的孩子。可是究竟怎样的孩子才是优秀的，符合哪些标准，孩子才是优秀的。笔者认为，优秀的孩子都具有以下特征：

1. **身体健康**。健康是一个人的资本，有了健康的体魄，孩子才会获得长远发展。忽视了身体，即使性格再好、能力再好、学习再好，也等于零。

2. **心态健康**。良好的心态是孩子做事的关键，心态不好，即使各方面条件具备，也无法成事；而如果心态良好，即使各方面条件不具备，他们也会创造条件，为自己所用。

3. **有孝心**。孝心，是人之所以为人的一项基本素养，不感恩父母，不理解老师，不善待老人……没有健康的心灵，孩子只会成长为"歪脖树"。

4. **尊师重道**。老师是孩子知识和思想的领路人，会陪伴孩子走过十几年的岁月。不尊敬老师、忽视老师的付出、对老师有偏见，都会影响到师生之间的相处，不利于学习，更不利于孩子良好品行的养成。

5. **心灵美好**。有修养的人，才会幸福一生。待人无礼、行为暴虐、内心阴险、喜欢苛求、生活奢华、为人骄傲的孩子，无法拥有美好的人生。

6. **学习有道**。学习，需要掌握一定的方法。孩子需要学的知识越来越多，不掌握方法，单纯地死记硬背，只会将孩子搞晕。而优秀的孩子，都掌握了一定的学习方法。

7. **记忆有法**。不能死记硬背，需要灵活处理，只有掌握一定的记忆方法，才能提高记忆效果。

8. **懂得激励**。自我激励，是促使孩子不断进步的不二法门。忽视了这一点，孩子的自信心就容易受挫，做事没有动力，成功的几率就会大大减少。

9. **人际良好**。学校也是个小社会，不懂为人处世的原则，孩子就会处处碰壁，因此一定要让孩子掌握具体的为人处世原则。

10 **视野开阔**。开阔的视野，能够为孩子的未来奠定基础。视野开阔，才会有眼光，才能有大格局。而这正是成为天之骄子所需要的。

本书中，我们将重点介绍与培养孩子相关的方法，案例典型、方法得当、分析精简，值得一读。笔者相信，只要认真阅读，积极实践，孩子的未来之路就会更加顺畅。

目 录

一、身心健康篇

第一章 健康——拥有健康的体魄,就有了人生最大的资本 …………… 3
  方法1:引导孩子养成良好的生活习惯 …………………………… 4
  方法2:鼓励孩子养成良好的卫生习惯 …………………………… 8
  方法3:帮助孩子养成良好的饮食习惯 …………………………… 11
  方法4:引导孩子养成良好的睡眠习惯 …………………………… 13
  方法5:鼓励玩耍,让孩子的感官动起来 ………………………… 16
  方法6:适量运动,会让孩子终身受益 …………………………… 19

第二章 心态——要想经营好人生,首先就要具备良好的心态 ………… 21
  心态1:只有自信,才能造就孩子 ………………………………… 22
  心态2:培养孩子强大的自尊心 …………………………………… 25
  心态3:让孩子学会爱自己 ………………………………………… 28
  心态4:只有独立的孩子,才能面对未来 ………………………… 31
  心态5:让孩子勇敢一点、不怯懦 ………………………………… 34
  心态6:告诉孩子,人们更喜欢跟乐观的人交往 ………………… 36
  心态7:让孩子的心里充满阳光 …………………………………… 39

　　心态8：教会孩子用感恩之心面对他人的付出……………………41

　　心态9：告诉孩子懂得分享,方能感受幸福……………………44

二、品德修养篇

第三章　孝心——孝道,是人类最高贵的感情……………………49
　　要点1：少点粗鲁,教会孩子对老人要有礼貌……………………50
　　要点2：少点拒绝,多鼓励孩子主动为长辈做事…………………52
　　要点3：少点抱怨,让孩子体会到父母的辛苦……………………55
　　要点4：少点借口,给孩子提供尽孝的机会………………………58
　　要点5：少点贬责,欣赏孩子的每次孝顺行为……………………60
　　要点6：少点推诿,给孩子树立孝敬父母的榜样…………………63

第四章　尊师——联结慧脉,就要尊师重道………………………65
　　关键1：告诉孩子,一定要尊敬老师………………………………66
　　关键2：多体谅老师,主动为老师提供帮助………………………69
　　关键3：正确对待老师"投诉",给老师多些信任…………………72
　　关键4：主动配合老师,支持老师的工作…………………………75
　　关键5：不要对老师有偏见,转变对老师的态度…………………78
　　关键6：人无完人,正确对待老师工作中的失误…………………81
　　关键7：忽视老师的付出,是对老师的最大不敬…………………84

第五章　修养——若要人生美好,就要有颗有修养的心灵………87
　　修养1：少一些无礼,多一些礼仪…………………………………88
　　修养2：少一些暴虐,多一些仁爱…………………………………91
　　修养3：少一些阴险,多一些善良…………………………………94
　　修养4：少一些苛求,多一些宽容…………………………………97

修养5：少一些谎言，多一些诚实 ······ 100

修养6：少一些奢华，多一些俭朴 ······ 103

修养7：少一些骄傲，多一些谦虚 ······ 105

修养8：少一些狡猾，多一些正直 ······ 108

三、学习激励篇

第六章 学法——掌握一定的学习方法，方能事半功倍 ······ 113
  方法1：学习有计划，才能有方向 ······ 114
  方法2：主动学习，才能提高学习效果 ······ 117
  方法3：掌握知识间的联系，形成统一的知识结构 ······ 120
  方法4：抓住重点和难点，也就抓住了关键 ······ 123
  方法5：认真理解知识点，死记硬背要不得 ······ 126
  方法6：会听课，才能提高听课效果 ······ 129
  方法7：限定时间，在规定的时间内做作业 ······ 132

第七章 记忆——记忆力不好，人生就会一塌糊涂 ······ 135
  技巧1：了解孩子的记忆特点，帮助孩子提高记忆效果 ······ 136
  技巧2：供养不足影响大，为大脑提供足够的营养 ······ 139
  技巧3：若要提高记忆效果，就要激发孩子的记忆兴趣 ······ 141
  技巧4：多加思考，找到孩子最佳的记忆时间 ······ 144
  技巧5：使用正确的记忆方法，效果才会更好 ······ 147
  技巧6：减少干扰，为孩子创造良好的记忆环境 ······ 150
  技巧7：记忆力效果的提升从注意力培养开始 ······ 153

第八章 激励——做好自我激励，才能成就自己 ······ 157
  要点1：告诉孩子，坚定梦想，才能不断向前 ······ 158

要点2：告诉孩子：胜不骄、败不馁 …………………………………… 161

要点3：告诉孩子，做事需要恒心，不可一曝十寒 …………………… 164

要点4：告诉孩子，敢于吃苦，未来才会更甜 ………………………… 167

要点5：引导孩子做个积极向上的人 …………………………………… 170

要点6：让孩子告诉自己：我真的很不错 ……………………………… 173

要点7：引导孩子树立正确的人生观 …………………………………… 176

第九章 人际——懂得与人交往，拓宽自己的人脉圈 ……………… 179

重点1：鼓励孩子多交朋友 ……………………………………………… 180

重点2：为孩子创造与他人交往的机会 ………………………………… 183

重点3：鼓励孩子带同学来家里 ………………………………………… 186

重点4：鼓励孩子多参加集体活动 ……………………………………… 189

重点5：引导孩子与不同年龄的人交往 ………………………………… 192

重点6：引导孩子认识各行各业的人 …………………………………… 195

第十章 视野——要有大视野、大格局 …………………………………… 199

技巧1：家中挂一幅世界地图，时刻漫游世界 ………………………… 200

技巧2：增长知识，海外旅游不可少 …………………………………… 203

技巧3：给孩子创造机会结识外国朋友 ………………………………… 205

技巧4：多带孩子参加各种展览会 ……………………………………… 208

技巧5：带孩子在不同的地方居住，体验不同的生活 ………………… 211

技巧6：网络世界，是一座取之不尽的宝库 …………………………… 214

一、身心健康篇

健康的身体乃是灵魂的客厅,有病的身体则是灵魂的禁闭室。

——培根

第一章

健康——拥有健康的体魄，就有了人生最大的资本

方法1：引导孩子养成良好的生活习惯

西方一位教育学者曾经说过这样一句话："好的习惯比法律还正确。"养成良好的习惯，对孩子非常重要，家长要把家庭的重点放在培养孩子良好的行为习惯上。

丽丽的儿子上小学五年级，写作业时如坐针毡，丽丽说了儿子很多遍，就是不管用。后来丽丽向一个心理学专家请教，这个专家对她说："最好的方法就是培养一个好习惯，改掉一个坏习惯，教孩子一些具体的方法。"

丽丽听了觉得的确有道理，她决定试一试。

第一步，她开始观察儿子，观察他平时都是如何写作业的。她在儿子身旁一边织毛衣，一边看儿子写作业。不一会儿就发现：儿子写一个小时作业大概就会起来七八回。一会儿打开冰箱，找找有什么好吃的；一会儿打开电视，看几集动画片；一会儿站到窗前，看看楼下都是谁在玩耍。

丽丽看明白了，第二步开始逐步引导。她对儿子说："儿子，大家都夸你是个聪明的孩子，好好学习，一定可以取得好成绩，但是我刚才给你数了数,你写了一个小时的作业大概起来了七回,是不是太多了?"

儿子听了妈妈的话,顿时觉得不好意思,他也没意识到自己起来了那么多回。丽丽又接着说:"儿子,妈妈觉得你写一个小时的作业,起来三回就差不多了。"儿子一愣,没有想到妈妈还让自己起来三回。

丽丽说:"儿子,如果你写一个小时作业,起来不超过三回,那么每周六晚上6点的动画片可以随便看,妈妈绝不干涉。"儿子听了妈妈的话非常高兴,搂着妈妈的脖子说:"真的?我就喜欢看动画片,妈妈你太好了,我太爱你了!"

丽丽说:"你先别高兴得太早,有奖励也会有惩罚。如果你写一个小时作业,起来超过了三回,那么周六不仅不能看电视,还不能玩手机,行不行?"儿子说:"行,反正我也不会超过三回!"

母子之间达成了协议。结果,第一天孩子做到了,写一个小时作业起来了两回,但是没有坚持几天,第四天就忘了。周六晚上6点左右,儿子急着要看动画片,丽丽说:"男子汉大丈夫,说话算话,怎么能违反规定呢,不能看。"孩子十分沮丧。第二个星期开始了,儿子写作业时想站起来,但他立刻就想到,如果起来就看不了动画片了,于是说服了自己。

真正的教育是自我教育,真正的控制是自我控制。经过一个多月的训练,儿子基本上可以做到写一个小时作业起来不超过三回。等到第二个月时,已经不超过两回;到了第三个月,就做到了不超过一回。

写一个小时的作业,站起来一回是比较正常的,丽丽仅用了三个月的时间,便培养了儿子专心学习的习惯,改掉了儿子一写作业就想站起来的毛病。

拥有良好的生活习惯,对孩子有很多益处,不仅对身体好,而且会让孩

子变得更加大方、勇敢，沟通交流更加自在。如果孩子不能保持科学规律的作息习惯，就不能有充沛的精力跟其他孩子玩耍嬉戏，就会影响他和同龄人的交往；再如，孩子卫生习惯差，饭前便后偷懒不洗手，不仅会影响学习，还会影响与同伴的关系。

孩子很多不良的习惯都是在不自觉中逐渐形成的。习惯一旦养成，如果不及时纠正，重复出现一次便是一次强化，慢慢就会成为非常难以改变的恶习。孩子年龄越小，可塑性越大，孩童期是培养良好习惯的最佳时机，也是纠正不良习惯的最佳时机。要培养孩子良好的行为习惯，可以从以下几方面入手：

1. **建立良好的家庭教育环境**。怎样才能建立良好的家庭教育环境呢？第一，父母要努力创建并保持一种彼此之间互相尊重、互相理解的氛围。只有在这样的家庭氛围中，孩子才能感到温暖与愉快，情绪才能更加稳定，得到爱的熏陶，衍生自信心与进取心。第二，要让孩子从小养成爱整洁、爱护物品、规律生活的良好行为习惯。第三，要将教师的教育模式延伸到家庭教育中。如此，才能培养孩子良好的行为习惯。

2. **给孩子做出科学的方法引导**。孩子经常会用稚嫩的眼光观察周围的事物，孩子进入社会的第一步就是与家庭成员的频繁接触。要为孩子创设一个可以供他们观察、活动、模仿的生活环境，采用最合适的教育方法，切忌批评与指责。在对孩子提出要求时要循序渐进，千万不要强制。要放手让他们去做，用赞赏的目光肯定他们活动中的积极因素，等孩子具备最基本的生活自理能力后，再对他们提出要求，例如：吃饭不要把饭粒撒在桌子上等。

3. **改变方式，因势利导**。孩子的思想非常单纯，对于什么事情是对的、什么事情是错的、什么是该做的、什么是不该做的，没有明确的概念，需要家长正确引导。但是孩子也有自尊心，一味地责怪，也许会适得其反，造成孩子的逆反心理。如果孩子在游戏过程中将自己的玩具弄得到处都是，家长

责怪:"你不能这样做!""你下次再这样,妈妈就不让你玩了"。他们也许会负气地把玩具摔个稀烂,这样不仅起不到教育引导作用,还会影响孩子的自信心。但是如果换个方式,孩子就容易接受了。

方法2：鼓励孩子养成良好的卫生习惯

良好的卫生习惯对孩子的身体健康有着重要的意义，从小养成良好的卫生习惯，可以让孩子远离疾病的困扰，保障身体健康。孩童时期是习惯养成的关键时期，抓住这个时期培养孩子的卫生习惯，会让孩子受益终身。

案例1：

飞飞，今年9岁，上小学三年级。老师告诉飞飞妈：飞飞上课总是喜欢折纸，把废纸胡乱地往地上丢；下课时，不时地招惹班上的女生、拽女生的辫子，往男生身上吐唾沫、抹鼻涕，甚至往教室的墙壁上抹；而且还对玩泥巴和小蚂蚁感兴趣，有段时间一上课就会看到他的小手上全是泥巴，书桌上放着一个塑料盒子，专门放小蚂蚁；桌洞里塞的全是废纸与垃圾；早晨穿的衣服到了下午放学时已经不能看了，其他同学都嫌他脏，不愿意与他打交道，所以，他也没什么朋友。

案例2：

李浩渺，是小学五年级的学生。父母经常不在家，他一直由爷爷奶奶照顾。平时，爷爷奶奶要下地干农活，没有充足的时间细心地照料他。有时候他连脸都不洗，衣服裤子也是很久才换，又脏又臭，不是斑斑点点的油渍、污点，就是灰尘。他常常乱扔碎片、纸团，不讲卫生。他还有个非常不卫生的习惯，就是喜欢抠鼻子，然后再把手指伸进口中吮吸。

俗话说"病从口入"，一个人是不是讲卫生直接关系到个人健康，一定要教育孩子正确地洗脸、洗手、洗头、洗澡、勤剪指甲、要随身携带手帕、纸巾等，让孩子养成良好的卫生习惯。例如：饭前、便后洗手，手脏时要及时清洗，生吃瓜果一定要洗净去皮等，还要经常更换手帕，保持清洁。

这时，一定有人会说"不干不净，吃了没病"。这句话没有科学根据。现实生活中的确有些人标榜不需要处处讲究卫生，他们的身体依然非常健康。但是，这些人健康的身体并不是由不讲卫生造成的，而是受其他因素的影响。比如，阳光充足、营养充分、空气新鲜、经常运动等。如果他们能够更加注意卫生，身体也许会更加健壮。

孩子喜欢在地上玩耍，皮肤上很容易积留一些灰尘，想要排出汗液与污垢，就要经常清洗。每天早、中、晚洗脸时，要让孩子顺便把手也洗干净。每天晚上睡觉前要洗脚洗袜子，鞋子也应该4～5天换洗一次。

培养孩子养成一个良好的卫生习惯是一项长期工作，父母必须要从小抓起，持之以恒。具体来说，培养孩子的卫生习惯，要从下面几方面做起：

1. **将卫生观念渗入孩子的思想**。要让孩子养成讲卫生的良好习惯，就要让他们从生活小事做起，如果你允许孩子一次不洗澡，孩子就会觉得洗澡是可洗可不洗的，当你再让他洗澡时，他就会表现出不乐意的情绪。父母要与孩子一起制定生活作息表，将讲卫生的习惯融入到生活的点点滴滴中。

2. **制定严格的卫生规则**。给孩子制定一个具体的卫生规则，并让他严格遵守，对孩子养成良好的卫生习惯有重大的意义。比如，饭前便后洗手，吃

水果前要多洗等。父母在制定这些卫生规则时,还要向孩子说明为什么要制定这些规则。之后,将这些规则张贴在孩子目光所及之处,时时刻刻提醒他去遵守。

3. **严格要求,防止敷衍了事。**有人也许会觉得,没有必要严格要求孩子。有些孩子被父母叫去洗澡,结果悄悄把头发淋湿敷衍父母。如若这样敷衍下去,孩子就会养成不良的卫生习惯,父母则后悔莫及。父母应该严格要求孩子,比如:在规定的时间洗澡,不论他如何推脱、吵闹都不能让步;如果发现孩子敷衍了事,要给他一些惩罚,比如取消晚上的娱乐活动等。

身心健康篇

方法3：帮助孩子养成良好的饮食习惯

出于爱心，长期没有原则地顺应孩子不合理的饮食要求，很容易让孩子养成挑食偏食的习惯。挑食偏食，会使孩子得不到促进身体生长发育的合理营养，产生两极分化——营养不良或肥胖。家长应对孩子的饮食行为细心指导，从孩童期就开始告诉他应该吃什么、不应该吃什么，并且告诫他要控制好自己不健康的饮食欲。

午饭的时间，奶奶做了一桌菜，叫 coco 出来吃饭。coco 从书房出来，皱着眉头，不高兴地往沙发上一坐，噘着嘴："奶奶，怎么又是西红柿和豆腐，我不吃。""乖孙女，豆腐营养丰富。"奶奶边说边往 coco 碗里夹豆腐。

coco 连忙用手遮住："奶奶，我不吃豆腐，我要吃麦当劳。"奶奶说："乖孙女，先把豆腐吃了，奶奶再带你去吃麦当劳。"妈妈听了 coco 的话在一边瞪眼："不许去，看看你，瘦得像个猴，细腿细胳膊，快吃饭。"coco 赌气地往沙发上一靠，开始和大人冷战，梗着脖子一句话也不说。

幼儿园的饭菜非常丰盛，小朋友都非常喜欢，每次都会吃很多。

但是，coco每次吃饭都不高兴，因为她不爱吃的东西实在太多了。因为她挑食，每次给她盛饭，老师都会非常"头疼"。最让人"头疼"的是，她会把不喜欢吃的东西随地吐，或直愣愣地坐在那里不动也不吃。

如今，人们的生活条件越来越好，食物的获取不再那么费劲儿。随着中国加入世贸组织，国外的很多食物也蜂拥而至，大多数孩子喜欢吃"肯德基""麦当劳"这些洋快餐，不喜欢吃蔬菜、豆制品等。孩子有爷爷奶奶、外公外婆宠着，不喜欢吃什么就不吃。长此以往，孩子的肠胃消化功能就会被破坏，变得食欲不振，就会形成挑食的习惯。

为了便于家长与孩子记忆，笔者总结了几个良好饮食习惯，如下：

1. **食物多样**。世上没有任何一种食物能够提供人体所需的全部营养，所以必须多吃一些其他种类的食物，挑食、偏食会影响全面营养的汲取。有些孩子只是从生理上反感个别食物，家长可以从同一食品营养组选择其他同类的食物代替，但是严重挑食、偏食的，比如不吃荤菜或蔬菜等习惯，则必须予以纠正。每天的菜谱应该包含5个营养性食品组，缺一不可。

2. **清淡饮食**。不要让孩子吃油炸食品、糖果、冰淇淋或含糖饮料等高能量食品。儿童一天所需的总热量，一半以上来自粮食，约1/6来自蛋白质，从油脂中获得的热能只占1/4。过多地摄入重油食品或糖，不仅会摄入过高的热量，使儿童发生肥胖、高血压、高血脂、冠心病等现代文明病的危险性大大增加，还会因为饮食过于甜腻造成难以消化，又因为缺乏膳食纤维而影响消化功能，引起消化道疾病，如便秘、胃炎等。

3. **文明用餐**。文明用餐，不要让孩子在用餐时看电视、看书、玩耍或大声交谈。就餐环境需要安静，吃东西需要细嚼慢咽。在餐桌上，父母可以结合菜肴给孩子讲些有利于引起孩子食欲的话，或介绍一些营养知识。餐桌不是纠正孩子不良饮食习惯的场所，应该在平时加强教育，而不是在就餐时训斥孩子。

身心健康篇

方法4：引导孩子养成良好的睡眠习惯

良好与充足的睡眠对孩子身体的成长与发展非常有利，可以促进孩子智能的开发与提升。忽视孩子良好睡眠习惯的养成，孩子的生活就会一塌糊涂。

琪琪的妈妈工作繁忙，无法抽出更多的时间照顾她，琪琪基本上每天都跟着外婆。外婆过分地溺爱，琪琪过分地依恋外婆，导致了琪琪胆小性格的养成。到了要上幼儿园的年龄，别的小朋友适应了一段时间后就不哭了。可是，琪琪每天来到幼儿园都会哇哇大哭，不舍得和外婆分开，总是抱了又抱，亲了又亲；午睡时，她就紧皱眉头，老师问她原因，她不说，只是嚎啕大哭，弄得老师手足无措。

老师想尽办法，希望她可以睡午觉，避免午后疲劳，但一次都没有成功，真是让老师伤透了脑筋。和琪琪的妈妈反映过这个情况后，老师得到的答复是：她不想睡就不要勉强，她在家里从来不睡午觉，只要她不影响别的孩子休息就可以。第二天，老师没有让琪琪睡觉，她果然没哭，静静地躺在那里。以后的几天，琪琪都没有哭闹，只是静静地躺在床上。

午睡对孩子的健康非常有利,然而从上述的案例我们可以看到,琪琪对午睡非常"不来电"。睡眠对孩子的生长发育十分关键。正常情况下,学龄前儿童的每天睡眠时间要保证10~12小时,上小学后要保证9~10小时。如果孩子的睡眠时间太短,一定要引起重视。同时,学龄前儿童入睡的时间最好固定在晚上9点到10点之间,太早太晚都不好。

充足而高质量的睡眠,对孩子保持愉快的情绪及旺盛的食欲非常有利。睡眠不足,孩子就会变得烦躁,容易发脾气,食欲不好,体重不增。要使孩子睡得好,必须培养良好的睡眠习惯。年龄越小,良好的睡眠习惯培养起来就越容易。

对于晚睡的孩子,家长要重视,并且持之以恒地调整孩子的睡眠习惯。养成固定的睡眠习惯,孩子的睡眠就会变为一种自动化行为,每天一到时间孩子就会主动睡觉。人的一生,大多数时间都在睡眠中度过,所以拥有良好的睡眠质量十分重要。那么,有什么方法可以改善孩子的睡眠质量呢?

1. **把家里调整成睡眠模式**。如果大人经常晚睡,电视声与谈话声响彻整夜,就不能怪孩子不按时睡觉了。每个孩子都是小机灵,生性活泼好动,即使感觉到困意也会坚持玩耍。到了孩子睡觉的时间,大人就要给孩子营造一种睡觉氛围,把灯光调暗,关闭手机和电视机,不要大声说话,甚至可以陪孩子一起入睡。此外,还可以让孩子做一些睡觉前的准备,例如:刷牙、洗脚、洗脸、整理床铺等,这个过程看着简单,其实是一种暗示,让孩子意识到他该睡觉了。

2. **睡前一小时避免大脑兴奋**。许多孩子到睡觉的时间还玩得起劲,以至于躺在床上时大脑还处在兴奋状态,自然睡不着。对于这种情况,笔者建议在孩子上床前的一小时内不要让他玩得太疯,不要让他的大脑太过兴奋,最好将他的情绪调整为平静模式。例如,在他睡前讲些童话故事、播放一些舒缓的音乐,或哼唱儿歌都可以帮助孩子快速入眠。

3. **白天不要睡太长时间**。大部分孩子白天睡得太久,晚上反而睡不好,甚至稍有不如意就大哭大闹，弄得家长夜不能眠。经研究证实，晚间睡眠不足而白天嗜睡的孩子不仅生长发育比较缓慢，而且注意力、创造力、记忆力与运动技巧都相对较差。孩子白天睡得过多，家长就要有意识地弄醒孩子，逗他多玩一会儿。大多数学龄前儿童，中午睡一两个小时即可，不要让孩子睡三四个小时甚至更长时间。

方法5：鼓励玩耍，让孩子的感官动起来

玩耍不仅可以促进孩子的身心健康，还可以激发孩子的想象力、时间观念和空间思维，培养孩子的自信心、同情心、平衡感、手指灵活度、逻辑思维、社交能力、语言表达能力、选择与判断能力等。玩耍是一门非常深奥的学问，在玩耍的过程中，对方向感、沟通技巧、空间时间的掌握以及怎样和他人相处、怎样解决问题等，都会在不知不觉中被孩子掌握。

菲菲从出生的那天起，就一直给人一种活泼好动的感觉，好像一秒钟都停不下来。随着一天天长大，家里可供她玩耍的东西，不是被她拆个稀巴烂，就是这里缺一块那里缺一角。因此，爷爷奶奶没少说她。

可是，爸爸妈妈却一直鼓励女儿尽情玩耍，无需顾忌。因为他们知道，玩耍是孩子的天性，什么年龄做什么事情，小孩子就是要玩。家长不仅不要管着孩子，还要引导孩子去玩，玩出新花样，玩出新感受，鼓励孩子多进行探索性的玩耍。例如，他们会放手让女儿自己选择想玩什么、如何玩，为她提供充足的时间与空间。他们会与女儿一同解决在游戏中遇到的问题，一同动脑筋想出更多解决

身心健康篇

的办法,一同交流与分享游戏中的乐趣。

在教女儿玩玩具时,他们不仅教会她如何玩,还引导她研究玩具的内部构造,比如:这个玩具汽车是怎么跑的?这个小火车是怎么拐弯的?之后,鼓励孩子拆开玩具进行研究。如果孩子拆不开,他们就会帮她拆开,再给她现场讲解。等到孩子明白制造玩具的原理时,他们会继续引导孩子思考为什么是这样的?还有没有其他方法?

美国儿童教育学者汤姆斯·阿姆斯壮说:自由玩耍比有计划性的活动,对学龄前孩子更有益。孩子需要一些没有计划、随性玩耍的时间,不要将孩子的时间塞满各式各样的有计划性的活动。

儿童健康发展真正需要的是更多可支配的、美好的玩耍时光。自由玩耍可以培养孩子的创造力与社会技能。孩子在玩耍的过程中刺激了手部与身体的触觉发育,触觉训练如果不足,会导致触觉敏感或迟钝。父母要重视孩子的玩耍,工作之余要腾出时间来陪孩子一起游戏。

在报纸上,曾看到过很多这样的报道:

某些小学课间禁止学生到户外去玩耍,只可以喝水或上厕所;

学校的窗户和走廊都被加固了安全防护措施,课间休息时不能大声喧哗嬉闹;

体育课,不能到操场上跑跳,只能坐在教室里玩游戏或看动画片。

……

这样做,老师的确省心了,但是孩子的情绪却十分低落,这样的学校跟监狱有何区别?虽然说学校这样做也是为了学生的安全,不得已才采取的预防措施。但是,在这种学习环境中成长,孩子的天性要怎样释放和发展?

天性被刻意压制，孩子容易患上各类心理问题，例如：厌学、焦虑、抑郁、爱打架、骂人、多动、行为退缩等。

幼儿时期的游戏，具有很多功能。不论是丢手绢，还是丢沙包、跳方格、踢毽子，都对孩子的身体成长有益。因此，一定要鼓励孩子玩耍，让孩子的感官动起来。

身心健康篇

方法6：适量运动，会让孩子终身受益

对孩子来讲，运动是最佳的活动。不论是对孩子的健康、发育，还是智力的提高，都有着非常紧密的联系。父母应该把孩子的运动当作一项任务来完成，支持孩子运动。

小宏尽管还不到4周岁，却已有两年的"宅龄"。小宏出生后，父母忙于工作，把她丢给爷爷奶奶照顾。爷爷奶奶上了岁数，腿脚都不方便，很少出门，小宏就跟他们在家里玩。在家里，小宏的生活内容非常单一，每天就是看电视、玩玩具或和爷爷奶奶做游戏。如此单调的生活，大多数的孩子都会感到烦。没想到，小宏与别的孩子不一样，用爷爷奶奶的话说就是"非常乖"。只要有电视、玩具，她就可以不哭不闹地安静一整天。

父母休息时，想带小宏出去玩，没想到小宏却对出去玩兴趣不大。妈妈觉得小宏宅在家快发霉了，非要把她带到公园，想让她与阳光、大树、微风近距离接触。谁知，小宏像木头人一样不会动，呆呆地望着别的小孩跑跑跳跳。出来不到一刻钟，她就喊着要回家。有的孩子把皮球扔到她脚边，她看都不看，父母十分无奈，只好打

道回府。

运动不等于玩，孩子在玩中运动，不仅能锻炼身体，还能拓展智力与交际关系。不论从事哪项运动，都需要骨骼、肌肉、关节相互支持才能完成。肌肉收缩会带动关节及骨骼完成一系列动作，所有的运动都受神经系统的支配，都处于大脑的调节与控制下。

经常运动，能让运动器官变得更加灵活，大脑反应更加敏捷，孩子的协调、躲闪能力与速度也会随之提高。运动，不仅对于孩子的身体素质非常有益，对他们的心理素质也有帮助。因此，一定要重视。

1. **让锻炼成为孩子生活的一部分**。让锻炼成为家庭生活的一部分，也就是说每天都要让孩子锻炼。随着生活节奏的逐渐加快，户外锻炼逐渐成为一件非常困难的事情。但是，如果想要告诉孩子锻炼是非常重要的，最有效的办法就是以身作则。孩子看到家长对运动很感兴趣，他们也就乐意去做。孩子锻炼得越早，就越容易养成一种好习惯。随着他们的成长与成熟，锻炼也可能成为他们生活的一部分。

2. **让运动成为家庭生活的一部分**。要让体育运动成为家庭生活必不可少的一部分。家人一起去郊游、一起去一个有趣的、对健康都有益的地方。例如，一起去公园散步、去游泳馆游泳、去滑冰或者去植物园散步等，都是非常好的选择。同时，家庭活动还能够增进家庭成员之间的感情。

3. **鼓励孩子参加自己喜欢的运动**。要鼓励孩子参加自己感兴趣的运动。有些孩子不知道自己喜欢什么运动，家长就要帮助他们找出自己感兴趣的运动。运动并不是意味着每天都要做多少个仰卧起坐或每天都要慢跑多少公里，关键是要让孩子动起来，不要总是玩手机或坐在电视机旁。岁数小的孩子，可以让他多骑骑小自行车或玩跳皮筋；稍微大一些的孩子可以让他参加体育队或舞蹈班。

第二章

心态——要想经营好人生,首先就要具备良好的心态

心态1：只有自信，才能造就孩子

自信，是一个人做事的根本。不相信自己，任何事都做不成。因此，培养孩子养成良好心态的首要前提就要让他们相信自己。

每年"六一"节，幼儿园都会在各班中让老师或小朋友推荐两名幼儿作为"好儿童"。大班幼儿已有了强烈的民主权萌芽，在培养幼儿具有强大的自信心方面已初见端倪。

一天午餐前的看图书活动，孩子们表现得不是很好，结合"六一"节的"好儿童"评比，老师问孩子们："'六一'节马上到了，你们都想成为'好儿童'，那谁能自己站出来，让我们大家看看，认为自己能成为好儿童？"孩子们你看我我看你，哑口无言。老师鼓励他们："不要怕难为情，只要认为自己能够胜任'好儿童'的，就大胆站出来。"接着，又补充了一句："平时上课、吃饭、午睡、游戏都很好的……"

这时，一个孩子站起来，她非常自信。其他孩子都左看右看，不一会儿又有三个孩子站起来，但是自信心明显没有第一个孩子来得强烈。老师从他们的犹豫中察觉到这一点。

剩下的孩子又开始你看我，我看你，不知道在想些什么，后来，老师问几个没有站起来的孩子为何不站，有的说："害怕其他小朋友说。"有的说："自己平时有很多地方不好。"还有的说："其他小朋友都不站，自己也就不站。"

拥有自信，也就成功了一半。自信是孩子生长过程中的精神核心，是促进孩子努力实现自己的愿望和理想的动力。缺乏自信的孩子，会认为自己在某方面甚至很多方面都不如其他孩子，自己很笨、不能干、很差；他们在集体场合不敢主动参加活动；即使有好的建议，也不敢主动提出；他们胆小，不敢在众人面前大胆表现自己。

在交往中，有些孩子总是跟在能力强的孩子后面，听从他人安排，而不愿当领导者；对困难、挫折，他们害怕、退缩，惧怕尝试新事物，包括未玩过的游戏活动、区域活动等……这样的孩子是不自信的。自信是走向成功的起点，只要有了自信，孩子才会积极地参加各种活动，主动地与人交往，勇敢地面对困难，较快地适应环境，大胆地尝试新事物。那么，如何培养孩子的自信心呢？

1. **善于发现孩子的闪光点**。即使孩子再胆小，偶尔也会有大胆的举动，也会有做得很好的事情，也许在常人看来微不足道，但父母必须捕捉这些稍纵即逝的闪光点，给孩子表扬和鼓励。同时，要用发展的眼光看待孩子，肯定孩子的进步，尤其要肯定孩子的"第一次"尝试。孩子兴冲冲地说："我学会××了。"家长却说："得意什么，跟其他孩子比起来还差得远。"只会伤害孩子的自尊心，挫伤孩子的自信心；而一句"太棒了"，则会增强孩子的自信心。

2. **让孩子做力所能及的事**。事事依赖、处处顾惜的孩子总是期待照顾，怀疑自己的能力，缺乏自信。如果想让孩子提高自信，就要让他们多做一些力所能及的事情，获得成功的体验。在这个过程中，父母要给孩子营造较宽

松的心理环境，允许孩子尝试和犯错；要给孩子多提建设性的意见，少为孩子提供不必要的帮助。成就感是孩子树立自信心的源泉，当孩子自己独立完成一项任务时，自信心也会得到增强。孩子自己能做什么，不仅取决于他的成熟程度，还取决于生活中他对各种事物的适应程度。因此，要从日常生活入手，适宜地引导他们做一些力所能及的事，给他们提供独立锻炼的机会，让孩子体验成功的快乐，建立真正的自信心。

3. **不给孩子设置太高的期望**。"望子成龙，望女成凤"是所有家长的心愿，可是过高的期望会给孩子带来巨大的压力。一旦达不到要求，孩子的自信心就会受挫。每个孩子都有其长处和劣势，你不可能要求孩子什么都会，不要对孩子抱有过高的期望。孩子的进步需要一个过程，切不可急于求成，要多一些关心和耐心。

心态2：培养孩子强大的自尊心

　　自尊是人类生命的本源，是人走向群居生活的基础；是人格的主干，是人作为独立个体的尊严感，是人的精神脊梁骨，如果想让孩子成长为顶天立地的人，就要培养他们强大的自尊心。

　　期中考试结束后，班主任张老师急匆匆地走进教室，学生们静静地等待她公布考试成绩。张老师扫视了一下全班，从孩子们的眼中，她看到了太多的担忧和焦急。她告诉学生，周末要召开家长会。班级的气氛顿时紧张了起来，一个女生甚至趴在桌子上哭了。

　　放学后，其他学生都离开了学校，但该女生却没有离开。她红着眼睛找到张老师，说："老师，我真的很失败！"说实话，这个女生各门功课都考得不理想。不仅如此，每次询问她是否有不懂的，她总是不懂装懂。张老师确实想借家长会的机会跟她父母交流一下。可是，看着女孩流眼泪，她的心开始隐隐作痛，觉得自己对学生了解太少。

　　第二天，张老师打电话给女孩妈妈，约定见面进行一次深入交流。女孩的妈妈看到张老师后，就流下了眼泪。她说，女儿非常渴

望成功!她之所以不敢告诉老师不懂的知识点,就是因为在小学里曾是佼佼者的她没有勇气面对现在的失败。强烈的自尊心,让她每天都学到深夜,尽管她的成绩一直不理想。

女孩的妈妈边流泪边诉说孩子沉重的心理压力,张老师这才发现,学生的成绩和良好的心理素质有巨大的联系,做好心理辅导工作至关重要。在接下来的工作中,张老师努力寻找女孩身上的闪光点。一天课前三分钟演讲,轮到该女生演讲,她流畅的表达赢得了全班的掌声。张老师也用微笑和掌声表达了对她的鼓励,她第一次露出了笑容。

同时,张老师还发现了女孩其他的长处和闪光点。学校举行演讲比赛,张老师特意在班内先举行了预赛,由学生组成评委会。张老师鼓励女孩参加,并且对她加以指导。结果,女孩在班级预赛中脱颖而出,参加学校比赛,获得了第一名的好成绩。

比赛结束后,张老师召开班会,让全班同学分享她的成功。事后,张老师问女孩:"告诉老师,今天你最大的收获是什么?"女孩流着泪说:"老师,我太高兴了!"张老师告诉她:"要记住,你也是块金子,对自己要有信心。"女孩认真地点点头。

自尊心是一个孩子由"动物"变成"人"的关键,孩子只有建立起自尊,才能逐渐建立起自信、自立等意识。孩子的自尊心像稚嫩的小苗,一旦受伤,就会留下无法愈合的伤口,甚至会影响他的一生。因此,父母一定要保护孩子的自尊心,并注意培养孩子的自尊心。

在生命早期,如果孩子没有被平等地对待过,没有被尊重过,学到的只有支配、服从。那么他成年以后,一旦获得权力,就会支配别人。孩子只有建立起自尊心,才能逐渐具备自立精神。孩子的自尊心需要从小培养,孩子的自尊心由家长对孩子的态度所决定。家长作为孩子的第一任老师,首要任务是培养孩子的自尊心。培养孩子的自尊心，就是教会他把自己当成独立的人来尊重。

1. **将更多的爱给孩子**。只有得到家长的爱，孩子才能健康地成长，更有尊严，更自重。因此在日常生活中，你就要多抱他、吻他、拍他的肩膀，别忘了告诉他，你有多爱他。

2. **不要敷衍自己的孩子**。如果孩子想跟你说话，你只要离开电脑或关掉电视，回答一个问题，就已足够。面对面地看着他，表明你确实是在听他说话，对培养孩子的自尊心非常有效。因为它传递了一个信息，孩子会觉得他在你的心目中是重要的、有价值的。

3. **允许犯错，不可避免**。孩子不可避免地会犯错误，从错误中吸取教训，有利于培养孩子的自信心。所以，如果孩子某件事情没做好，你就要多鼓励他，让他想想下次怎么做才会将事情做好。这样，他的自尊心就不会受到伤害，他会明白，偶尔犯错是被允许的。

4. **孩子不是攀比的物品**。拿自己孩子跟他人的孩子做比较，只会让孩子备受煎熬，把他推向羞辱、嫉妒、争强好胜等方向。即使是正面的对比也同样具有破坏性，如"在班里，你的成绩是最好的"。但是，如果孩子知道你欣赏的是他这个独特的人，他就会更容易认识到自己的价值。

5. **多鼓励，少表扬**。每个孩子都需要家人和朋友的支持，他们都想从亲人那里得到这样的信息："我相信你，我知道你很努力。加油！"一旦孩子有了好的表现、好的做法，就要积极表示认同。享受父母真诚的表扬和鼓舞人心的回应，孩子就会觉得温暖、舒适，心里更受用。

心态3：让孩子学会爱自己

自爱是一种美德，是促使一个人不断向上发展的动力。家长应帮助孩子建立自爱意识，使其因自爱而自立。日常生活中，家长要不失时机地教育孩子，让他学会真正地爱自己。

网络上，曾出现过这样一则新闻：

不满16岁的女生小欢认识了25岁社会女青年吴某，在吴某的唆使下，小欢多次为其寻找女生，进行卖淫活动。2012年以来，做煤炭生意的谢某通过吴某和小欢的关系，先后掏钱与多名在校女生发生性行为，而她们两人则从中获得了不菲的介绍费。

卖淫嫖娼行为是社会上存在的丑恶现象，有违社会伦理道德，为人们所唾弃。从事卖淫活动的人，自然也会受到社会的鄙视。十五六岁的在校女孩，在同学的撺掇下，随意地从事卖淫行为，确实值得我们深思。

自爱是一种良好的心理状态，也是一种高素质、讲文明的行为，一个人只有做到自爱，才会得到别人的尊重，才会活得有尊严，才能有进步。不自爱的孩子，自然也就无法得到他人的喜爱。

自尊源于羞耻心，懂得羞耻，才能控制自己，不做低贱、卑微的事才会让人看得起。认识到自己的价值，珍惜自己所拥有的一切，不容许别人有丝毫侵犯。要想做到自爱，首先就要爱惜自己的身体、声誉，不允许别人有侮辱自己的行为，自己也不去做卑躬屈膝或者有损尊严的事。

有些孩子不懂自爱，无论大人怎么责骂，老师如何批评，他都像没听见一样，依然我行我素；而另外一些孩子，做出不好的行为，只要大人稍微暗示一下，就会及时改正，这样的孩子，随时都会完善自己。因此，必须让孩子知道自爱的重要性，教孩子学会自爱。笔者提供以下几种方式供家长参考：

1. 将自保的方法告诉孩子。爱自己，首先就要具备自我保护意识，有初步照料自己的能力，懂得自尊自爱。孩子只有学会了爱自己，才能逐步把这种爱迁移到他人身上，从而养成良好的行为习惯。

首先，要让孩子学会保护身体的各部分器官，比如：不把异物放入耳鼻内、不在阳光下看书等。接着，让孩子知道做任何事都不要伤害自己，有一定的安全意识，比如：按电钮时一定要把手擦干等。

最后，受到伤害时不要惊慌，要及时告诉家长，学会处理一些简单的问题。同时，在日常生活中，家长还要鼓励孩子动手自己解决问题，不能凡事包办代替。为了提高孩子的自理能力，要让孩子自己穿衣、刷牙、洗脸、吃饭等，让他学会简单地料理生活。有了一定的自理能力，孩子才有能力照顾自己。

2. 教育孩子要懂得自爱。这是爱自己的另一大内涵，与自主、自立、自信成正比，在形成良好个性、完善自我方面有很高的价值。

要帮助孩子正确认识自己，让孩子懂得每个人都有优点和缺点，不要因为自己不如别人而感到自卑，因此自暴自弃。

家长要珍惜、爱护孩子，做孩子的朋友，常和孩子谈心，让孩子以家庭成员的身份参与简单的家政，倾听其合理的意见和要求。同时，要相信孩子的力量,让孩子摆脱对父母的依赖,增强自尊、自信。此外,要尊重孩子的劳动成果,当孩子兴致勃勃地将他的作品给你欣赏时,不要不屑一顾或过分挑剔,要肯定他,鼓励他。

身心健康篇

心态4：只有独立的孩子，才能面对未来

为什么要反复强调独立的重要性？因为孩子不独立，一切都是零。正如健康对人生的重要性一样，人生的一切都建立在健康的基础上，失去了健康，金钱、名利、地位等也会变得没有意义。对孩子而言，独立也是如此。没有独立，孩子再怎么接受教育或接受再高的教育，都没有多大意义。

周凡，名牌大学毕业，学的专业也不算冷门，却成了实实在在的"啃老族"。在家人的记忆里，周凡一直是品学兼优的好学生，青春期也没有像其他男孩子一样打架闹事，是典型的"别人家的孩子"。但就是这样一个从小就与"优秀"划等号的孩子，毕业后却一直都没有找到理想的工作，待业在家。

周凡是家里的独生子，妈妈三十多岁才历经千辛万苦生下他，他从小就被父母看得很紧。虽然学校离家仅有步行十几分钟的路程，妈妈却坚持接送了六年，风雨无阻，从未间断。周凡周末想要和朋友一起玩，必须在妈妈陪同下才可以。结果，妈妈很累，周凡很乖。其他人看到周凡，都夸他"乖巧省心"，其实妈妈一点都没省过心，反而比其他家长还要辛苦。

英国著名心理学家西尔维亚曾说:"这个世界上所有的爱都以聚合为最终目的,只有一种爱以分离为目的,那就是父母对孩子的爱。"在教育孩子时,舍不得放手,管得多、管得紧,只会让孩子在成长过程中丧失独立性。父母真正的爱,就是让孩子尽早作为一个独立的个体从父母的生命中分离出去,这种分离越早,孩子就越成功。

一些孩子读了本科、硕士、博士,但毕业之后仍然依赖父母。无论是找工作还是找对象,乃至于吃饭等,都要靠父母。因为没有父母,这些孩子连顿饭都不会做。为什么?答案很简单,这些孩子虽然有高学历,但如果没有学会独立,就与废人毫无二致。

一般来说:孩子在 2 岁时就会开始出现独立意识,有了表达的欲望,可以尝试自己吃饭、自己穿衣;6 岁时,孩子与母亲开始进入分离起点,他们既想要独立,又必须依赖妈妈;等到 9 岁时,他们开始想摆脱父母的控制,想独立完成一些事情;进入青春期,孩子能够自我定位,开始形成独立的价值观,想要自己做决定,守护自己的小秘密。父母一直贴身保护,要么引起孩子的强烈逆反,要么折断孩子刚刚成长出的独立性。

2~14 岁是孩子性格养成的关键时期,而这种性格的形成,往往会对其一生都起着决定性的作用。在这可塑性强的关键期,父母要学着放手,让孩子自己去看外面精彩的世界。

独立性差的孩子,在学校里时经常会出现挫败感,无形中就会产生"我不如人"的想法,严重影响他的自信心。独立自主是孩子最高级的心理品质,应该从小开始培养。那么,如何培养孩子的独立性呢?

1. **爱得适度,敢于放手**。如果想让孩子独立,凡是孩子自己能做的,就要让他自己做,不要代替他做。孩子做事情都有一个规律:从不会到会,从做不好到做得好,因此不要求全责备。看到孩子做不好就去代替,这就剥夺了孩子锻炼的机会。孩子在自己做事的过程中获得鼓励,就会感到自己确实不错，就会有自信。这种感觉非常重要，是培养孩子独立性的动力。

2. **给孩子提供做事的机会**。当孩子遇到困难时，千万别急着帮忙，要让他们自己先试着解决；在孩子自己解决困难的过程中，予以适当的方法指导和鼓励。比如，可以让孩子帮忙洗衣服、洗菜做饭、打造居室卫生等。此外，还要严格要求，给孩子立规矩。孩子还没有定性，家长要和孩子一起商讨，为孩子制订必要的生活规矩和学习规矩，督促孩子持之以恒地做下去，最终让孩子养成良好的生活和学习习惯。

3. **培养孩子独立思考的能力**。独立性的培养，一个重要的方面就是独立思考能力。如何培养孩子的独立性？首先，要让孩子准备好登记作业的小本，记录好每天的学习任务，安排好自己读书和娱乐的时间。家长可以陪在身边，默默观察，但不要过多干涉。遇到问题时，要尊重孩子，给孩子表达想法的机会，这样做一方面增强了孩子的自信心，另一方面也有助于问题的解决。

心态5：让孩子勇敢一点、不怯懦

胆小，是很多孩子的通病，父母要做的就是，鼓励孩子勇敢一点！

暑假期间，各种各样的培训班、夏令营和社会实践活动让孩子们的假期生活丰富多彩。可是，在很多活动的报名现场，常常听到家长的担忧："我家孩子胆小，让他独自参加活动，他可能不愿意，我们也不放心啊！"

老同学是一家培训机构的管理人员，每年暑假都会招部分孩子到外地学习和旅游。眼看暑假又要到了，李梅也想让儿子出去转转。可是，当儿子听了她的建议后，直接回答"不去"。为了说服儿子，李梅跟同学要了招生简章，因为简章上有很多孩子们在一起玩耍的照片，李梅想用此引起孩子的注意力，可是孩子看都不看。

李梅知道，儿子之所以抵触这件事，是因为他胆子太小，不敢外出。为了说服儿子，儿子期末考试一结束，她便带着儿子来到了报名现场。办公室里，来来往往的很多家长和孩子，听着工作人员的讲解，孩子们满脸的兴奋。

儿子认真地看着墙上的照片，似乎有些心动。李梅趁热打铁："我知道你没有出去过，这个班是妈妈的老同学办的，我会让她照顾你的。"看儿子不再抗拒，李梅便给儿子报了名。结果，10天之后回来，儿子完全变了个人，也爱说话了。

确实，生活中，胆小的孩子不在少数：怕狗、怕毛毛虫；怕黑，不敢一个人睡觉；上课不敢举手发言，怕讲错了被老师同学笑话；不敢独自一人上街买东西，怕遇到坏人……你是否也有这样一个胆小的孩子？

父母都希望自己的孩子具备勇敢的品质，但有些孩子胆子却很小。在这种情况下，训斥孩子，说孩子是"胆小鬼"，甚至给以处罚……都会对孩子的自尊心造成极大伤害，不仅改变不了孩子的胆小性格，还会在无形中加重孩子的惧怕感。因此，父母应细心观察，帮助他们消除恐惧，努力培养孩子的勇敢品质。

1. **不要掩盖孩子的恐惧感**。心理学家认为，只有当孩子感到你承认他害怕的东西是客观存在时，他才会相信你对解除他的害怕所做的解释。要正确对待孩子害怕的事物，一种有效的方法就是，将关于某些事物的知识教给孩子。比如：孩子害怕猫、狗等小动物，就可以给孩子讲一些有关这些动物的小故事，并告诉他这些动物一般不会伤害人，要学会与它们相处的方法。这样，就可以帮孩子增强安全感。

2. **用孩子的方式消除他的惧怕**。孩子从小就从故事书和童话故事里知道了鬼怪的故事，自然就会害怕。这时，给他大讲特讲唯物论毫无用处，有效的办法是对孩子说：你是勇敢的孩子，你在屋里时鬼怪不敢跑进来等。这样，孩子便很容易接受你的话了，并消除了惧怕心理。

3. **了解孩子真正害怕的是什么**。孩子往往会言行不一地掩盖他真正所害怕的事情，比如：父母要外出时，有的孩子总会哭闹不止，不让父母出去。其实，他只是怕一个人呆在屋子里。因此，要细心观察孩子的日常言行，了解他真正害怕的事情，然后对症下药加以解决。

心态6：告诉孩子，人们更喜欢跟乐观的人交往

有这样一个故事：

一位父亲有一对双胞胎儿子，一个过分乐观，另一个则过分悲观，他打算对兄弟两人做性格改造。

一天，父亲买了许多色泽鲜艳的新玩具，送给悲观的孩子；之后，把乐观的孩子送进了一间堆满马粪的车房。第二天清晨，父亲看到悲观的孩子泣不成声，便问："为什么不玩那些玩具呢？""玩了就会坏。"孩子哭着说。

父亲叹了口气，走进车房，却发现乐观的孩子正兴高采烈地在马粪里掏着什么。孩子得意洋洋地向父亲宣称："我觉得，马粪堆里一定还藏着一匹小马！"

这就是乐观与悲观带给两个孩子不同的人生境遇。对人生的不同态度，造就了两种截然不同的看法与判断。

即使是在相同的生活环境中，依然会有人觉得幸福与满足、有人觉得不幸与沮丧。可是，幸福与不幸福，都是个人的主观看法，并没有客观因素存在。但值得肯定的是，对生活保持乐观态度的人，感到生活幸福的比例会比较高；保持悲观态度的人，往往也是人生的悲观者。

乐观是一种性格倾向，可以让我们看到事情比较有利的一面，期待更有利的结果。有些孩子天生就比较乐观，有些孩子则相反，但乐观的心态是可以培养的。即使孩子天生不具备乐观的心态，也可以通过后天的培养来实现。

幼儿期是孩子心理发展最迅速的时期，对孩子一生的成长和发展至关重要。家长应当重视孩子的乐观态度的教育，使孩子得到健康、全面的发展。那么，从哪些方面培养孩子乐观的人生态度呢？

1. **营造乐观温馨的家庭环境**。乐观的心态建立在一定的安全感之上。家庭气氛、各成员之间的关系，都会在一定程度上影响孩子乐观心态的形成。研究表明，孩子在牙牙学语之前就能感受到周围的情绪和氛围，尽管当时他还不能用语言来表达。充满了敌意甚至暴力的家庭，培养不出乐观的孩子；充满了爱意的和谐的家庭，才能给孩子带来强烈的安全感，让孩子拥有乐观的心态。

2. **欣赏孩子，给孩子鼓励**。现代心理学之父威廉·詹姆斯指出："人最大的需要就是被了解与欣赏。"孩子也是如此。父母对孩子的了解、欣赏、赞美、鼓励，都会让孩子变得乐观。因此，在孩子取得进步时，即使进步很小，也要对孩子竖起大拇指，鼓励孩子。如此，不仅可以让孩子体验到被父母鼓励的幸福感，也有利于他们产生乐观的心态。

3. **不要对孩子过分设限**。许多孩子之所以不快乐，主要是因为他们没有自由。父母对孩子太过溺爱，就会抑制孩子的一些行为和举动。比如：不准趴地上，不准玩泥巴，不准……有些人甚至还包办了孩子的所有事情。孩子什么事情都不用做，自然也就无法从做事中找到乐趣。

同时，要培养孩子乐观的性格，就不要对孩子抑制过严，要在不同的年龄段，给孩子不同的选择权。例如，两三岁的孩子，要让他自己选择早餐吃

什么;四五岁的孩子,要让他在一定的范围内挑选自己喜欢的玩具;对于六七岁的孩子,要允许在固定的时间看自己喜欢的电视节目;孩子上了小学,要允许他结交朋友、带朋友来家玩等。一般来说,只有从小就享受到民主的孩子,才会感受到人生的快乐,心态才会更乐观。

心态 7：让孩子的心里充满阳光

所谓阳光的心态就是快乐生活。亚里士多德说："生命的本质在于追求快乐。"追求快乐的途径有两个：一是发现使你快乐的事情，多做；二是发现使你不快乐的事情，少做。生活中，谁都无法让孩子无忧无虑地过好每一天，唯有塑造阳光的心态才能让孩子苦中作乐、战胜忧愁、享受生活。

2017 年 6 月 8 日，高考第一天上午，辽宁朝阳市喀左县大城子镇一名学生跳楼身亡。据说，该男生 21 岁，是高中复读生，高考前因压力太大轻生。120 医护人员到达现场时，男生已确认死亡。

2016 年 6 月 7 日，内蒙古乌拉特前旗，一个女孩从 22 层的楼顶跳下坠落气垫。紧急送往医院抢救，最终因伤势过重死亡。下午 15 时数学科目开考，考生 14 时 25 分开始进入考场，该女孩没有参加考试。

……

高考压力很大，很多孩子可能陷入自怨自艾的状态，整天愁眉苦脸，唉声叹气，甚至出现自闭现象，整天把自己关在家中，不敢见人。如果不及时

调整心态,很有可能会因长期情绪低落引发抑郁症。无力抗拒这种压力,心理上又得不到及时的辅导而想不开,孩子就会失去学习的动力,严重者就会选择轻生。

热爱生活的人的生活必然是丰富多彩的,而色彩斑斓的生活必然少不了阳光般灿烂的心态。当你心情愉悦时,看到的花儿会更艳丽,看到的小草会更有生命力;相反,当你心情糟糕时,美丽的花朵、朝气蓬勃的小草都会失去颜色。

生活中,每个人都应该用阳光的心态积极乐观地面对一切。想要拥有快乐的生活,一定少不了阳光的心态。

心态阳光的孩子是自立的孩子,他有能力面对生活中的各种困难,也能在社会中找到自己的位置。快乐是一种能力,要多让孩子看到生活中美好的、阳光的一面。即使是不好的东西,也要积极面对。那么,怎么培养一个心态阳光的孩子呢?

1. **正视孩子的缺点和错误**。如果你的孩子和其他孩子不同,比如:孩子太胖、眼睛形状有问题,或者性格与行为很偏激,你一定不要否认这些事实,要和孩子沟通,寻找解决办法,或者接受现实。在这方面,找专家是最好的办法,因为孩子一般都比较重视专家,比如医生。

2. **放手让孩子自己去做事**。让孩子多做一些力所能及的事情,他将来就会更积极主动地做事。过分地替孩子做事情、替孩子说话、替孩子做决定,越俎代庖,只会让孩子失去做事的乐趣。要知道有些事孩子可以自己做。不要对孩子说:"你不行,这事你做不了!"要鼓励孩子多尝试。不要因为孩子没做过,就禁止孩子做一些事情。如果事情不危险,就放手让孩子自己去做。

3. **主动跟孩子沟通**。与人沟通是能力,把心里的想法说出来更是一种能力,处于生长期的孩子都需要父母的正确引导。及时说出自己心里的话,会避免做出阴暗的事情;没有及时沟通,孩子阴暗的情绪可能会一直延续下去。

心态8：教会孩子用感恩之心面对他人的付出

有这样一篇小文：

在洛杉矶郊县的一家旅馆中，三个黑人孩子在桌子上埋头写着什么。一位客人问他们在做什么，老大回答："我们正在写感谢信。"

三个小孩一大早起来写感谢信？客人愣了一下，追问："写给谁的？"

"妈妈。"三个孩子异口同声地回答。

"为什么？"客人又问。

"我们每天都写，这是我们每日必做的功课。"孩子回答。

客人凑过去看了一眼他们每人手下的那叠纸，内容都是诸如"路边的野花开得真漂亮""昨天的披萨饼很好吃""昨天妈妈给我讲了一个很有意思的故事"之类的简单句子。

客人的心头一震。原来，他们写给妈妈的感谢信不是专门感谢妈妈给他们帮了多大的忙，而是记录了心灵中感受到的幸福。他们还不知道什么叫大恩大德，只知道对每件美好的事物都应心存感激。

这个小故事，对于我们如何培养孩子的感恩之心，有着极强的借鉴意义。

爱孩子是每个父母的本能，父母倾其所有、不求回报，但是结果呢？许多孩子却认为这是理所当然的。父母的付出非但没有换来孩子的感激，甚至还成了孩子们互相调侃的谈资。这时候，父母就需要自我反省：是不是忽视了对孩子感恩意识的建立？

大多数父母希望自己的孩子能够常怀感恩之心，可是在如今很多孩子的眼里，父母的含辛茹苦似乎成了理所当然，老师的挑灯夜战仿佛变得无足轻重，别人的倾力相助无需感激涕零。从道德层面来看，这是由于缺乏感恩之心导致的后果。

在家里懂得父母的辛苦，在学校明白老师、食堂员工的不易，在社会上能想起他人的难处和别人对自己的好……渐渐地孩子就会知道：父母、他人对自己的付出不是无足轻重的，要懂得感恩。

为了培养孩子的感恩之心，在日常生活中，就要把感恩的意识渗透其中，让孩子在耳濡目染中渐渐接受这种礼仪，学会感恩他人。

1. **表达感恩从说"谢谢"开始**。懂得感恩，是一个人的核心品质之一，也是一个人提升自我意识的关键基础。让孩子懂得感恩，并非一蹴而就，虽然幼儿对感恩的理解和认知不如学龄后的孩子，但是培养孩子的感恩之心，却要从幼儿学会说"谢谢"开始，比如：妈妈帮你穿鞋，要说声"谢谢"；老师为你辅导功课，要说声"谢谢"；他人为你提供帮助，要说声"谢谢"……所有的这些，都要直接告诉孩子。

在孩子成长过程中，懂得感恩的表现形式有两种：一是表达感恩，二是感受感恩。孩子学会了说"谢谢"，并不意味着他懂得了感恩，但却可以为他的心灵播下一颗感恩的种子。

2. **不要轻易满足孩子要求**。如今的孩子生活在物质极为丰富的时代，毫无节制地满足孩子的一切物质要求，会让他们对物质的欲望变得无休无止。

孩子不断地索取，家长不断地满足，他们的要求就会越来越多，对已经拥有的东西就不会心存感恩。如果孩子一有需要，马上就能得到满足，甚至轻而易举地拥有一切，他们就会失去生活中最美好的东西——期望。而期望之情往往会带来感恩之心。

很多东西，孩子得到得越快，厌倦得就越快。相反，孩子想要得到一件东西，期望的时间越长，付出的努力越多，得到之后的欣喜也就越多，感恩之心就会越强烈。因此，如果想让孩子心怀感恩之情，就不要轻易满足孩子的需求。

心态9：告诉孩子懂得分享，方能感受幸福

有个小故事：

一位犹太教信徒非常喜欢打高尔夫球，只要一天不打，就会感到浑身上下不舒服。而教义规定：安息日所有信徒都必须休息，不准外出。

这位信徒对安息日不能打高尔夫球，感到异常痛苦，终于忍不住，外出打球。他想：反正安息日所有人都休息，不会有人知道。到了高尔夫球场，信徒打算只打5个洞就回去。上帝知道了信徒违反教规，决定对他进行惩罚。

信徒5个洞都打得非常完美，几乎都是一杆进球。信徒高兴得直跳脚，一脸的兴奋，决定再打上5个洞。之后的5个洞也堪称完美，完全比得上世界专业级选手。

这时，上帝身边的天使感到很疑惑，问上帝："您不是要惩罚他吗？怎么还让他这么高兴？"上帝笑了笑："我已经对他进行了惩罚。你想，在如此高兴，值得庆祝欢呼之时，身边却没有一个人与他分享，这不是对他最好的惩罚吗？"

分享是每个人都需要的情感传递，不懂得分享的人，即使感到快乐，也是苍白的。所以，让孩子懂得分享，享受分享的快乐是特别重要的。

如今的孩子大多数都是家中的宝，被家人捧着、护着，属于他的东西从不需要分给别人，不属于他的东西父母也会想办法为他弄来。开始是一个苹果、一个梨，但生活中点滴的力量可以穿透石头。成长在这样环境中的孩子，凡事都以自我为中心、自私自利、斤斤计较，难以与人友好相处，更谈不上与人分享、合作。

分享中包含着宝贵的平等与博爱思想，让孩子学会分享，对于培养孩子的合作能力也至关重要。而合作能力恰恰是孩子社会化过程的重要一步。

分享可以帮助孩子结交玩伴，使孩子在活动和交往的过程中更好地获得言语表达、人际交流等技能，帮助孩子学会与他人和睦相处，使其成年后能更好地融入社会，建立良好的人际关系。因此，家长一定要注意培养孩子的分享能力。怎样培养孩子的分享能力呢？

1. **满足孩子对爱的需求**。大人一定要拿出足够的时间、精力来和孩子共处，不要忽视孩子对爱的需要。否则，孩子可能会失去已经获得的安全感。对父母的不信任，可能在孩子的社会行为中体现出来，比如：不愿意与人分享。

2. **多玩游戏，进行角色扮演**。孩子都喜欢玩游戏、听故事，可以给孩子讲些关于分享的故事，并和孩子一起扮演故事里的角色。让孩子扮演分享者，父母扮演接受者，然后交换角色。经过一段时间的角色扮演，真实、直接的情感体验就会让分享固定在孩子心中。这时，曾经的"小气"的孩子也能逐渐成长为愿意和他人分享的"大方"的孩子。

3. **为孩子做个会分享的榜样**。父母可以有意识地在孩子面前与家人分享自己喜欢的东西，当孩子偶尔做出分享行为时，一定不要谢绝，要诚恳地接受孩子的好意，并对孩子表示感谢。一旦孩子体会到，跟大家分享是件很快乐的事情，他就会受到激励，继续这种分享行为。

二、品德修养篇

没有伟大的品格,就没有伟大的人,甚至也没有伟大的艺术家,伟大的行动者。

——罗曼·罗兰

第三章

孝心——孝道，是人类最高贵的感情

要点1：少点粗鲁，教会孩子对老人要有礼貌

老人大多疼爱自己的隔代儿，也最需要晚辈的关怀和认可。因此，一定要教会孩子对老人有礼貌。

王小姐和丈夫是双薪家庭，下班后都到附近的公婆家吃晚饭。最近夫妇俩发现，读小学四年级的儿子对老人越来越没礼貌，比如：进门打招呼随便应付，说话时不看老人，吃完饭不说谢谢，用单手给老人拿东西。

丈夫很生气，立刻教训儿子，但儿子只能乖一阵子，不久又故态复萌，对老人的态度只是徒具形式。为了教会儿子要对老人有礼貌，王小姐给儿子讲述了老人对自己和儿子的付出。儿子深受感动，之后不礼貌的行为便逐渐减少了。

大多数家庭都有老人，可是如今的很多孩子却对老人很不礼貌，甚至还出口伤人，比如：老人辛苦做了饭，却嫌不好吃；老人洗了衣服，却说不干净；老人送其上学，却说老人走得慢……粗鲁地对待老人，只会伤了老人的心。

　　看着自己的孩子长大成人，结婚生子，为了给孩子们减少负担，有些老人甚至还主动承担起了照顾孙子、外孙的工作。他们不是闲得无聊，而是为了帮自己的孩子。在孙辈成长的过程中，往往都凝聚着老人的心血。看到孙辈一天天长大，他们也会备感欣慰。这时候，如果孙辈们能够对他们有礼貌，他们就会感到异常甜蜜。

　　老人生活了一辈子，经历了太多，他们最需要的就是孙辈对自己的体谅和尊重。因此，当发现孩子对老人恶言相向的时候，一定要及时制止孩子，要让孩子礼貌地对待老人。那么，如何教会孩子礼貌地对待老人呢？

　　1. **在生活中反复练习，养成习惯**。练习是强化记忆痕迹的有效手段，只有通过反复练习才能将良好的行为转化为习惯，长久保持下来。在日常生活中，大人必须处处留意，对孩子从小事入手，加强对老人尊敬习惯的培养。如：经常让孩子帮老人做事情，用礼貌的语言与老人交流，常用"您好""再见""谢谢""请慢走"等，经常对老人表示关心与慰问。多次训练，日积月累，孩子的良好习惯便会逐渐养成。

　　2. **及时纠正不良行为，防微杜渐**。孩子易冲动、自制力差，他们的行为往往受情绪支配，容易出错，常常做出对老人无礼的举动，比如：对老人发脾气、摔东西、不理睬等。一旦发现这些问题，一定要舍得管教，严肃批评，耐心说服，让孩子认识错误。发现了不良行为的苗头，就不能放过，要严格把关。迁就容忍只能招致更多的过错，导致孩子养成不良习惯。

　　3. **让孩子多与老人交流，增进感情**。有些孩子不是对老人敬而远之，就是漠不关心，这往往是交往甚少、感情不深的缘故。在交往中，孩子常常要在父母的提醒下行事，非常被动。要鼓励孩子多与老人交流，自觉听从老人教导，努力做一个尊敬老人的好孩子。

要点2：少点拒绝，多鼓励孩子主动为长辈做事

在商场门口或菜市场门口，经常会看到这样的场景：

场景1：老人手里拎着很多菜，而十几岁的孩子却甩开双手走在前面，还一个劲地扭头催老人："快点，我饿了，赶快回去做饭！"

场景2：老人手里拿着很多东西，3岁的孙子却坐在地上，非要让老人抱着。老人不答应，就坐在地上不起来。

场景3：买的东西太多，老人让孙子帮忙提，孙子却说："谁让你买这么多的，不能明天买吗？"

……

看到这样的孩子，你会不会感到很气愤？相信，大多数人都会很气愤。孩子一旦离开了父母的监督，和老人在一起时，上面的故事就会重演。怎么办？平时就要让孩子多帮长辈做事。一旦形成了这种习惯，他才不会拒绝老人的要求。

傍晚，放学回家。一走进大门，就看见爷爷在剪指甲。爷爷手拿一把大剪刀，用剪刀在手指上"咔嚓，咔嚓"地剪了几下。指甲就被爷爷剪好了，可欣佩服爷爷有这么好的剪指甲技术。

爷爷剪完了左手的指甲，该剪右手的了。爷爷把剪刀从右手换到了左手，才刚刚开始要剪,就遇到难题了。一般人用左手剪指甲就剪不好,何况是爷爷!看见爷爷遇到了难题,可欣连忙跑进去,放下书包说:"爷爷,你这样剪不行,还是我帮你剪好了!"爷爷满口答应了。

可欣拿起比自己的手掌大的剪刀,提起爷爷的手,她发现爷爷的手是那么的粗糙。可欣感到一阵难过,爷爷在老家时一直种地、干活,所以手才那么粗糙。可欣从爷爷手指的边缘开始剪起,小心翼翼地,慢慢地剪。不一会儿,爷爷的指甲就被可欣剪好了。

随着孩子逐渐长大,他们的做事能力会越来越强,这时候就要鼓励他们主动为老人做事。如此,不仅会让老人感到欣慰,也会让孩子得到锻炼。比如:用餐时先让老人入座,替老人盛好饭菜;和老人说话应恭恭敬敬,不能出言不逊;当老人不能满足孩子提出的要求时,告诉孩子不能发脾气,要体谅、理解老人的难处。孩子如果发脾气或死磨硬缠,家长要始终坚持原则。

在时间允许的情况下,要求孩子帮奶奶刷刷筷子洗洗碗,给爷爷捶捶后背揉揉肩。亲情的培养,很多时候就在一些容易被我们忽略的细节中。亲情,就是在一天到晚的耳鬓厮磨中建立起来的。那么,如何在耳鬓厮磨中建立亲情?

1. **让孩子帮长辈做家务**。家务,就是家庭的事物。既然是家庭的,那就是大家的,而孩子也是家庭的一份子,因此也就担负着完成家务的责任。在家里,孩子不仅享有权利,还要尽到自己应尽的责任,而做家务就是孩子的责任之一,因此,要想让孩子能为长辈做事,就要鼓励他们多做家务。在家里,家务一直都是长辈做的,孩子主动做家务,也就给长辈帮了忙。

2. **让孩子为长辈提供帮助**。家庭中,家长也会有寻求孩子帮忙的时候。比如:让孩子为你洗袜子,让孩子帮你拿报纸,让孩子帮你关门……这些事情都是孩子力所能及的。当你不方便做的时候,完全可以让孩子来帮忙。这样,也是引导孩子帮长辈做事的一种好方法。

3. **让孩子为长辈做事应理直气壮**。当长辈生病或身体不舒服时,要理直

气壮地要求孩子做他应该做的事情,如端水送药或陪同就医,不要怕耽误他的学习时间。想引导孩子善待长辈,就要从引导孩子为长辈做事入手。当孩子对长辈表现出不敬重的言行时,给予适当的批评和惩罚。如果有人认为:孩子现在还小,还不懂道理,不必多计较他的言行过错,等他长大了,自然就知道孝敬老人了。这种认识是错误的,会误导孩子。

要点3：少点抱怨，让孩子体会到父母的辛苦

在家庭中，如果爱只是父母对子女的单向倾斜，无法实现爱的双向交流，这样的爱就是畸形的。只有把父母给孩子的爱转化为孩子对父母的爱，爱的种子才能在孩子的心中生根发芽，开花结果。对于父母的辛苦付出，父母要少些抱怨，多让孩子理解自己。

一个双休日，吴先生骑自行车载儿子去公园。看完各种动物表演，儿子非常兴奋。回家路上，儿子看到行人很少，就对爸爸说："爸，让我载你一段怎么样？"吴先生说："你没有载过人，能行吗？"儿子说："让我试试吧。"吴先生同意了。

吴先生坐在车架上，儿子双手紧握车把，用力蹬动脚踏，车轮滚滚向前。可儿子毕竟还小，骑了七八百米之后，就有些体力不支了，额头上也渗出了汗珠。

儿子喘着气停了下来，好奇地问："爸，你每天骑车载我上学也这么费力吗？"吴先生说："我虽然力气大些，不过送你也挺累的，尤其上坡时更费力气。"

星期一，吴先生照常骑着自行车送儿子上学。骑到上坡时，坐

在后座的儿子忽然跳了下来,用手推车。吴先生感到非常欣慰。

很多时候,孩子之所以会对父母过分苛求,一个重要的原因就是:他们并不知道父母工作多么辛苦。在父母为孩子的成长投入满腔心血时,有多少孩子能够理解父母为他付出的辛劳与汗水?孩子们应该深刻地明白、体会到父母为抚养自己所经受的辛劳,理解父母对自己的爱,学会对父母感恩,从内心深处去尊敬、孝顺父母。

为了不让孩子将父母的爱当作理所当然,父母就要让孩子了解到自己日常工作的艰辛。可以带孩子上一两次班,让他知道你上班走什么路线、每天都做些什么事情、你的工作中有哪些困难;还可以告诉孩子下个月、明年家里都需要买什么东西、需要花多少钱……总之,就要让孩子看到、体验到父母的难处,而不是让他听父母经常说"我很辛苦"。

爱孩子是父母的责任、义务,但同时孝敬父母也是孩子的责任与义务。只有了解父母为养育他付出的辛苦劳动,孩子才能体会到"滴水之恩当涌泉相报"的道理。

对父母了解不多的孩子,就不会主动思考父母钱挣多么不容易,他们有时甚至会认为:父母给孩子吃好、穿好、用好是天经地义的事情。这样的孩子,怎么会从心底里感激、孝敬父母?为此,父母应当有意识地把自己的辛苦展露给孩子,让孩子体会到父母为了他所做的一切。

1. 从小事入手让孩子懂得孝敬父母。父母要对孩子提一些要求,比如:让孩子记住父母的生日、爱好、健康状况等信息。可以让孩子分担父母的忧虑,参与家务劳动,自己的事情自己做,尽量不给父母添乱。也可以在家中设下长幼有序的家规,晚辈回家后要向长辈问好,外出时要跟长辈打招呼。同时,要让孩子明白自己与父母的关系,知道父母是长者、是家庭生活的主事人,不能颠倒主次,任孩子在家庭里逞强胡闹。如此,孩子就会在不久的将来站在父母的立场理解父母。

2. **在孩子心中树立孝敬父母的形象**。想让孩子体谅自己的辛苦,自己就要体谅父母。如果你做不到这一点,孩子必然有样学样,会变得自私自利。所以,无论平时工作多忙,都应该抽出时间向老人尽孝。比如,帮老人做些家务,同老人共聚同乐……时间长了,在潜移默化中,孩子就会逐渐明白父母这样做的意义,也会养成尊敬父母的好习惯。

3. **多给孩子感受父母辛苦的机会**。让孩子明白父母的辛苦,最简单的方法就是体验。比如,吃饭时,让孩子帮妈妈摆好碗筷。在劳动的过程中,孩子就会体会到:任何事情都不是轻易做到的,必须付出努力;同时,他们也会更加理解父母对自己的期望及父母为自己所做的一切。

4. **将生活中的艰辛直接告诉孩子**。父母把孩子养大要付出很多,只有理解父母辛苦的孩子,才不会依赖父母,才懂得自强自立,父母应当有意识地把自己在外工作和收入等情况告诉孩子,说得越具体越好,让孩子明白父母的钱得来不易。如此,孩子就会逐渐珍惜自己的生活,从心底里产生对父母的感激和敬重。

要点4：少点借口，给孩子提供尽孝的机会

既然想让孩子有孝心，就要主动给孩子提供尽孝的机会，千万不要用"没时间"等借口来搪塞孩子。借口，不是逃避的理由，只会成为孩子养成不孝敬老人的不良习惯的导火线。

小时候，每次主动为妈妈做事时，妈妈总会表现得很反感，说："一边去！"渐渐地，孩子被打击多了，也就不敢再为妈妈做事了，长大后也不再有这个心思了。

对孩子说："家里的事情，什么都不用你管，把学习学好就行了。"只会打消孩子为家庭和父母付出的想法。孩子的善行，靠的是父母的鼓励和支持，好的行为被打击三次，孩子就会知道：这样做不对，以后就不再做了。

父母应该多给孩子一些机会，让他们为父母做些事情。当孩子为你倒水时，夸奖他说："我刚好口渴。"这种肯定，会建立一种良性互动，孩子会很乐于照顾你，渐渐地，就会养成善解人意、乐于照顾他人的好品行。这种品行，要比成绩重要一千倍。

有个男孩特别懂事，愿意帮助大人做事，家里来了客人，也会热情地招呼，受到大家的一致喜爱。很多人问男孩妈妈是怎么教育的，她也说不清。后来，男孩的妈妈渐渐明白了：她经常感到不舒服，每次生病，都让孩子照顾她，帮她按摩，也会让孩子做一些家务。渐渐地，孩子就成了一个小大人，不仅有责任心，还懂得体谅别人。

对于治疗很多自私自利和意志无能的孩子，心理医生给出的治疗方法就是：父母装病，让孩子打120，然后去医院照顾父母。在这个过程中，孩子会瞬间从自我、自私的状态里走出来，在照顾父母的同时，也治好了自己的心理疾病。

不给孩子机会尽孝，也是父母的过失，会阻碍孩子的人格成长，很可怕。因此，要为孩子提供各种尽孝的机会。

1. **建立合理的长幼有序家庭关系**。"合理的长幼有别"是指，全体家庭成员之间的关系民主平等，父母尊重孩子的独立人格，尤其是在处理孩子的事情时，会充分听取他们的意见，尽可能按他们合理的意愿办事。同时，家庭是一个整体，不能各自为政。父母是家庭生活的供养者，有着丰富的生活经验，是家庭的核心和主事人，孩子（尤其是未成年人）应当在父母的指导帮助下生活、学习。要让孩子明白自己与父母的关系，知道父母是长者、是家庭生活的主事人，不能主次颠倒，任孩子在家庭里逞强胡闹。

2. **让孩子抓住每个尽孝的机会**。教育子女孝敬父母的一般要求是：听从父母教导，关心父母健康，分担父母忧虑，参与家务劳动，不给父母添乱。要想将这些要求变为孩子的实际行动，就应当从日常小事抓起。比如：关心父母健康：每天问候下班回家的父母；父母劳累时，主动帮助或请父母休息一下；当父母外出时，提醒父母是否遗忘东西或注意天气变化；父母有病时，主动照顾、多说宽慰话、替父母接待客人等。

要点5：少点贬责，欣赏孩子的每次孝顺行为

要想鼓励孩子的孝顺行为，就要对他们多一些鼓励，少一些贬责。

苏霍姆林斯基当校长时，学校的花园里开出了一朵极大的玫瑰花。一天早晨，苏霍姆林斯基在花园里散步，发现一个四岁的小女孩摘下了那朵玫瑰花，正拿在手里快活地往外走。

苏霍姆林斯基没有批评小女孩，而是蹲下身子，亲切地问："孩子，摘这朵花是送给谁呢？能告诉我吗？"小女孩羞怯地说："我奶奶病得很重，我每天都陪着她说话。我告诉她校园里有一朵非常大的玫瑰花，奶奶不相信。我现在摘下来送给她看看，看过了就把它送回来。"

听了小女孩天真的回答，看着小女孩淳朴的小脸，苏霍姆林斯基心里很感动。他牵着小女孩的手又回到了花园里，摘下两朵大玫瑰花对她说："这一朵是奖给你的，因为你是一个懂得爱的孩子；这一朵是送给你奶奶的，感谢她养育了你这样好的孩子。"

孩子是在错误中长大的，故事中的小女孩，摘玫瑰花确实有错，但这个错误与她的年幼无知有关。她以为摘一朵花就像借用一样东西，用过了还回来就行了。苏霍姆林斯基的高明之处在于，他不但看到了小女孩的错误，更看到了这个错误背后的爱心。

教育者的责任当然包括发现"错"，但首要的责任是把"对"找出来，并用"对"来消化和引导"错"。正如苏霍姆林斯基所说的："培养孩子的爱心远比对他们的错误无情地指责重要啊！"因此，一定要欣赏并夸奖孩子的每一个孝顺行为，即使孩子只是给妈妈夹了一片黄瓜，只是把奶奶买的菜从大门口提到厨房，只是为爸爸拿了一次水杯……

现代家庭，大多孩子都是独生子女，两代大人把孩子当成手中的宝，替他做任何事都唯恐不及，更不舍得让孩子为长辈做什么，这极不利于培养孩子的孝心，家长应该学会接受孩子的给予。

小琪放学回家，妈妈还没下班，她走到厨房，打算帮妈妈准备晚饭。刚开始刷锅，妈妈就回来了。虽然小琪以前从来没做过饭，但看她认真的样子，妈妈也没阻止。小琪忙活了半小时，饭菜上桌了。看着桌子上的饭菜，妈妈很高兴，夸奖她说："真好吃。"

晚上洗漱完毕后，小琪拿起妈妈的袜子洗起来，妈妈虽然知道，并未出面阻止，而是直到孩子将袜子洗干净晾在了衣架上，妈妈才走出来，惊喜地说："你居然帮我洗袜子，而且还洗得这么干净，真是太谢谢你了。"小琪被妈妈的话说得有些不好意思，连忙摆手说："不用谢。"

当孩子主动表达孝顺之心的时候，一定要孩子一个机会，让孩子体会到尽孝后心里的快乐与满足。

在孩子很小的时候，教导孩子"给爷爷端杯水，说爷爷辛苦了""给外婆拿个苹果，说外婆你真好，谢谢你"。并适时表扬孩子："孩子，你真是一个

孝顺的宝贝！妈妈为你感到骄傲！"孩子真的就会养成孝敬长辈的习惯。这种暗示能对孩子发挥奇效，使孩子产生一种积极向上的精神状态，并付诸行动，直至成功。

品德修养篇

要点6：少点推诿，给孩子树立孝敬父母的榜样

家长在自己的父母面前也是孩子，所以家长如何对待自己的父母及配偶的父母，是孩子学习的最直接有效的课堂。家长经常顶撞父母、忤逆父母、不尊重父母，孩子也就无法对家长有应有的尊重。因此，要想让孩子孝敬自己，自己首先就要给孩子做个好榜样。

按照惯例，每到八月十五，李军都会给双方老人一笔过节费，有时多，有时少，但从不缺。这次八月十五，想到公司经营状况不错，李军打算给双方老人各2000元。可是，妻子却不愿意，理由是：妻子的妈妈前半年接送幼儿园上学的孩子，费了力，需要多给点。李军不乐意了，说："我爸妈，还帮咱们带了三年儿子呢，你怎么就没说要多给？"

李军知道，妻子跟自己爸妈不对付，但不好直说，就问儿子："你说，怎么给？该给奶奶他们多点，还是给姥姥他们多点？"儿子回答说："当然是一样多了，我可不偏心！"

听了儿子的话，李军噗嗤一笑："是啊！两边老人，咱们平等对待，一样孝顺。"

家家有本难念的经，尤其是自古流传的婆媳关系，是最微妙的关系。可是母亲却对孩子有着莫大的影响力，如果母亲不能孝顺婆婆，对孩子的影响将是巨大的。

榜样的力量是无穷的，要求孩子学会孝顺，大人首先就得做出孝顺老人的榜样，并找各种孝顺长辈的典型事例和故事来教导孩子。

如果想让自己的父母或者孩子帮助自己做什么事，要说"请你……"而不是生硬无感情地命令；如果父母或者孩子帮我们做完了某件事，要礼貌地说声"谢谢！"如果要做的某件事情可能会影响到孩子和老人，应该用商量的语调询问："我们想……好吗？"

父母身体力行地尊重别人，替别人着想，孩子看在眼里，自然也就学会了尊重老人，而不是以自我为中心，一味地欺负老人或弱者。那么，在现实生活中怎样才能教会孩子孝敬老人呢？

1. 父母和孩子一起孝敬老人。去看望老人时，要带孩子一同前往，让孩子亲眼看看你是怎样孝敬父母的。"只爱自己的妈妈，不爱丈夫的妈妈"的现象，在年轻妈妈中相当普遍。在婆婆背后称其"老东西"，总有一天，你的儿媳也会称你为"老东西"。到那时，你儿子肯定会觉得理所当然。

2. 父母要做孝敬老人的楷模。不仅不照顾自己的父母，反而千方百计地搜刮老人的财物，会给孩子造成不良影响。因此，想要管好自己的小家庭，就要时刻不忘照顾年迈的父母。如果居住地较远，工作较忙，不能和老人朝夕相处，节假日就要尽量抽时间带上孩子去看望老人，帮老人做些家务，同老人共聚同乐，尽一份子女应尽的责任和义务。日长时久，孩子耳濡目染，也会逐渐养成尊敬长辈、孝敬父母的好习惯。

第四章

尊师——联结慧脉,就要尊师重道

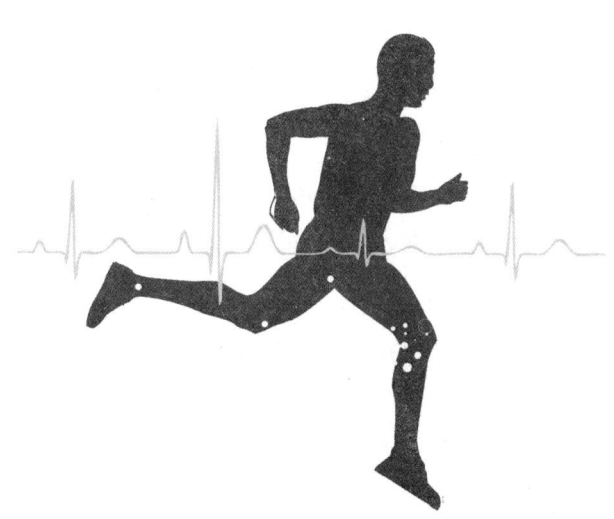

关键1：告诉孩子，一定要尊敬老师

家长不但要尊重学校教育，尊重老师，更要教育孩子尊重老师！

一般情况下，小桃是很尊重老师的，仅有一次因为不尊重老师而和妈妈发生了冲突。进入高中后不久，小桃对某一学科的新老师不太适应，那门功课学得也不是很好。回家后在饭桌上免不了要埋怨这也讲得不好，那也讲得不好。

开始时，妈妈很耐心地对小桃说："每个老师都有自己的教学特点和风格，要让老师满足每个学生的口味是不可能的，只能学生去适应老师。"可是，小桃却不服气，几乎每天回来都要说这个老师的"不是"。妈妈最终还是狠狠地批评了她，说："以这种态度你是不可能学好这门功课的！记住，对老师的尊重是你学好功课的前提！"

当时，小桃很不高兴，但第二天就给妈妈写了一封信，表示接受她的批评，尽可能适应老师的教学方式。过了一段时间，小桃果然适应了新老师，该科学习成绩也慢慢提升了，回家也不再土埋怨老师了。

孩子对老师有什么样的态度，就会获得什么样的结果。当孩子喜欢自己的老师时，他就会喜欢老师传授的知识，就会获益于老师。

老师也会成为孩子最喜欢模仿的对象之一，其喜欢程度仅次于父母。如果孩子不懂得欣赏与尊重老师，自然就不会喜欢老师，更无法学到老师身上的精华。事实证明，学习成绩好的孩子，大都是非常欣赏与尊重老师的。

在孩子成长的道路上，老师的影响是巨大的，有时甚至起着决定性作用。因此，培养孩子养成尊敬老师的好习惯，是家庭教育中不可忽视的一项内容。怎样培养孩子养成尊重老师的好习惯呢？

1. **让孩子认真听课，不捣乱**。要孩子尊重老师，首先就要让孩子认真听课，认真完成作业，认真更正作业错误，遵守学校各项纪律，虚心接受老师的批评。其次，要主动协助老师开展工作，正确对待老师工作中的缺点；老师分配给自己的工作，要热心去做。第三，对老师要有礼貌，见了老师要行礼问好，说话要注意态度语气，课上发言要先举手，交给老师的作业字迹要工整……

2. **让孩子将老师当作可亲可敬的朋友**。孩子刚接触老师时，多少都会感到有些畏惧。这时，可以对孩子说自己小时候是怎样听老师话的，老师是怎样亲切耐心地帮助自己成长的。当孩子提出一些疑难问题时，可以告诉他们："关于这些，老师知道得更多……"当孩子知道了老师是最可亲近的朋友，他们的畏惧心理就会逐渐消失。如果在这方面缺乏思考，动辄就用老师来吓唬孩子："哼！明天，我就找你们老师，让老师好好教训教训你！"只能让孩子对老师产生不好的印象，害怕老师，甚至厌恶上学。

3. **保持家庭与学校教育的协调**。家长要主动与老师沟通孩子在学校的表现，家长应欢迎老师指出，并督促孩子尽快改正孩子的错误；孩子在校外的情况，家长要及时向老师反映，不要护短，不要遮羞。关于具体的教育步骤方法，可以向老师征求指导和建议。

4. **正确对待老师工作中的缺点**。发现老师上课讲错了，或者试卷做错了，有的孩子会和同学在背后议论。这种议论可能是老师的工作确有缺点，也可能是孩子们的看法有偏颇，家长要劝止孩子对老师的背后议论，要鼓励他们与老师当面交谈。如果对老师的工作有看法，更不能当着孩子说长论短，应该诚恳地当面与老师交换意见。

品德修养篇

关键2：多体谅老师，主动为老师提供帮助

如果问，谁愿意当老师？相信，很多人都不愿意。为何？因为老师就是孩子王。整天跟孩子打交道，繁琐而麻烦；而且，老师究竟是否优秀，主要取决于学生的成绩。如果老师教得很卖力，但学生不学，在大家看来老师也不是好老师。教师工作远不如其他工作来得简单。因此，一定要让孩子多体谅老师，如果有时间，还要让他们给老师提供一些帮助。

这天，男孩跟妈妈说：他在班上跟同学起了冲突，他告诉了郭老师，那个同学受到了批评。说完，满脸的得意。妈妈问："孩子，如果对方先去告诉郭老师，你会感觉如何？"男孩不好意思地低下头。

"经常向老师打小报告，朋友就会慢慢疏远你，你的好朋友就会越来越少。"妈妈说，"能自己解决的问题就不要找老师。你们班共有60多名学生，郭老师既要备课、上课、改作业，还要解决你们之间的小冲突，一会儿这个来告状一会儿那个来告状，郭老师是不是很累呀？"

"嗯，我得体谅老师。"男孩说。

"是啊。"

"有时候别人找老师告状,都得说好几分钟呢,每天都会有很多人找老师告状。"

"那就得花老师一个多小时的时间。"

"这么多。"

"不算不知道,一算吓一跳。要让时间花在有价值的事情上,比如:通过努力仍有不会的学习问题,解决不了的事情,再找老师。自己能解决的事情就自己解决,好吗?"

男孩听了点点头。妈妈接着说:"体谅老师的表现有很多种,比如:可以帮老师擦黑板、准备教具、收发作业等,这也是锻炼自己的好方法。"

在孩子眼里,老师总是高大的、严厉的,似乎总是在和他们做对。很多孩子认为,自己想做的事,老师都认为不对;他们想这样做,老师非得让那样做……总之,老师好像永远都在和他们做对。

自己的孩子受到了老师的批评,即使家长很生气,也要理解老师的工作。如今很多教师的班容量都很大,老师负责的不是一个孩子,老师确实辛苦,不仅要自己理解老师,更要让孩子理解老师。只知道让别人体谅自己,而不懂得体谅他人的人,是十分可怜,也是不幸福的。

每个人都有值得他人体谅的地方,每个人都可能犯错,当你做错事时别人不体谅,你感觉如何?别人做错了事,你却不体谅,相信他的心情一定跟你做错事时别人不体谅你的心情一样。体谅他人,既可以为别人带来开心,也可以为自己带来幸福,因此一定要让孩子对老师多一些体谅之心。为了做到这一点,可以让孩子从以下几方面做起:

1. **让孩子站在老师的立场想问题**。换位思考的实质,就是设身处地为他人着想,即想人所想,理解至上。师生之间少不了谅解,谅解是理解的一个

方面,也是一种宽容。要让孩子理解老师,懂得换位思考,是师生之间交往的基础。

2. **让孩子多体谅老师、关心老师**。只有满怀善意才可能做到设身处地,才能超越自己的主观感受,站在老师的角度考虑问题,体谅老师的心情,理解老师的行为。要让孩子设身处地为老师着想,学会以宽容之心理解老师、关心老师。要让孩子经常想一想:自己希望老师如何对待自己?想让老师怎样对待自己,就要怎样对待老师,这是师生交往的不二法门。

关键3：正确对待老师"投诉"，给老师多些信任

在教育过程中，老师叫家长是很常见的事情，但是家长如果处理不好，就容易让孩子对老师造成误解，因此一定要正确引导孩子，让孩子对老师多一些信任。

儿子上二年级，由于平时上课不听讲，不按时完成作业，老师便给李女士打了电话，想让她配合一下。李女士听老师说孩子在学校表现不好，火冒三丈。于是，回到家中不问青红皂白就把孩子打骂一顿。结果，孩子挨打哭了，李女士生气哭了。

教育方法暴风骤雨、轰轰烈烈，可是孩子在学校表现依然如故，不求上进，老师只能将李女士叫到学校。李女士非常着急，但又毫无办法。而且，老师渐渐发现，自从打电话通知家长后，男孩更不愿意学习了，上课睡觉，不做作业，跟同学打架……

在教育过程中，很多家长都会遇到这样的问题。一定要告诉孩子：老师跟家长沟通，并不是告状，而是为了让家长了解你在学校的情况，加以引导，

品德修养篇

促使你进步。

孩子们都讨厌喜欢告状的人,当他们发现老师居然向家长告状的时候,心里就会生出无限的厌烦情绪,不仅会讨厌这个老师,还会因讨厌老师而讨厌该学科。尤其是初中生,更是如此。因此,一旦老师跟你反映了孩子的在校情况,就要及时跟孩子沟通,解除孩子心中的疑惑。

如果老师向你反映了孩子的在校情况,一定要认真对待,找出家长在家庭教育上存在的失误,跟老师共同探讨帮助孩子改正缺点的对策,千万不要当着孩子的面说老师"事多""管得太多""不会管""推卸责任"等。要记录好孩子在家中的言行举止、兴趣爱好,定期主动和老师沟通,向老师反映孩子在家中的表现,让老师更加了解孩子。

小俊正在读小学五年级,学习成绩不错,各个科任老师都夸他脑子机灵,是读书的"好苗子"。五年级之前,小俊很少在学校惹事,许女士也基本上没接到过老师的投诉电话。自上了五年级之后,老师来电话的次数就多了,主要反映儿子上课不专心、开小差,还经常影响其他同学,课间和其他同学玩闹时说脏话等问题。

许女士最初接到老师的电话也没在意,以为是小俊偶尔犯的小错误。不过,在接了两三次电话后,许女士就有点紧张了,因为小俊并不是偶尔出现这样的情况,而是经常出现。

那天,许女士去接儿子放学,正好老师打电话说他下午又骂脏话、欺负前桌的女同学。许女士很生气,就质问小俊是不是有这些情况,并告诉小俊:"老师已经反映了很多次了。"

没想到,小俊不仅不认错,还对老师的"告状"行为很反感,从那以后,只要是这位老师的课,他都不好好听、甚至还故意捣乱,几次考试下来,成绩差得一塌糊涂。

校长将老师叫到办公室,听完许女士的反映,她感到既委屈又

无奈。老师对许女士说:"我一直都觉得小俊是个好学生,成绩可以更优秀,对他寄予厚望。看到他不求上进,感到着急,才会给你电话反映的。"

老师打电话给家长,反映孩子的情况,是对孩子负责的表现。家长一定要积极配合老师及时纠正孩子的不良习惯与坏毛病,细心观察孩子的喜怒,了解孩子的心理。

当老师反映孩子有明显进步时,家长要向孩子表示祝贺,肯定孩子的努力与成绩,要与孩子一起感谢老师对自己的帮助。如果老师反映孩子在校表现不好或犯错误,家长一定要冷静,要相信老师是为了孩子学习进步、健康成长,才跟家长主动联系的,要发自内心地感谢老师对孩子的真诚帮助。同时,也要告诉孩子,老师这样做,是为了他好,不要对老师心生埋怨。

关键4：主动配合老师，支持老师的工作

生活中，经常会看到这样的场景：

场景1：

美术课下课前两分钟，老师告诉学生：下节课要用到树叶、胶棒、卡纸，同学们要提前准备好，到时都带来。可是，两天后的美术课上，很多同学都没带树叶，有的甚至连卡纸都忘带了，只带了彩笔来。

场景2：

为了督促孩子们写作业，老师要求孩子，作业要让家长签字。男孩作业写完了，交给妈妈，让妈妈签。可是，妈妈却说："签什么字，像是签卖身契一样。"

场景3：

"六一"儿童节这一天，老师让家长给自己家的孩子化好妆，因为孩子们要上台表演。可是，小果跟妈妈说了几遍，妈妈却坚持说："这些事情都是老师做的，怎么能让家长做？他们倒是清闲。我不会化，让老师帮你化吧！"

看到这样的情景，你会如何想？

家长是孩子教育的第一责任人，从老师那里了解必要的信息，有助于家长在家中充分引导孩子。现代家庭不同于多子女时代的家庭，那时的家庭子

女多，物质条件匮乏，家长整天都在为生计奔波，大部分家长都不重视家庭教育。

在家庭教育上家长疏于管理，只注重满足孩子的物质需要，不注重孩子的心理需求；只注重孩子的考试成绩，不注重孩子的人格培养；只重结果，不重过程。当孩子小，思想还是一张白纸时，不注意植入正确的习惯和思想，等到孩子发展到不可收拾的地步时，就将孩子的价值看得一文不值，看孩子不顺眼，动辄恶语相加，拳打脚踢。这样做，不仅会伤害亲子关系，也会加剧孩子向坏处发展的步伐。

老师的工作非常辛苦，需要学生和家长的配合。如果老师在前面走，后面的孩子和家长却一动不动，自然也就无法取得理想的教学效果，孩子的学习效果也会大打折扣。因此，主动配合老师，才是家长与老师正确的相处方式。怎样做能更好地配合老师呢？

1. **及时与老师联系**。家长平时应注意观察孩子的动向，如果发现孩子精神状态不好，吃饭睡觉不香、花钱大方等异常表现，要及时与老师联系，了解情况，有针对性地进行教育。这样，老师在教育孩子时，就会更有针对性，心里更有数，避免因冤枉了孩子而影响课堂教学。比如，如果孩子早上拉肚子，家长就要提前跟老师打招呼，上课的时候让老师注意观察。如果老师提前不知道，孩子却在课堂上频繁上厕所，很容易被老师误解，而影响了孩子听课和老师讲课。

2. **要与老师默契配合**。家长对老师的最好配合就是，不乱评价老师，在孩子面前不妄评老师"太严"，或者老师"没有水平"等，不议论老师的教育方式方法。师生之间出现了矛盾，或者孩子出现了问题，要先与老师沟通，了解老师为什么这样处理，是在什么样的情况下处理的，处理的方式是什么……将事情搞清楚之后再下结论，不要胡乱猜测，更不要总觉得是孩子受欺负了。

3. **经常与老师互通情报**。跟老师多沟通，有助于家长更全面、更深刻地熟悉和理解孩子。家长可以告诉老师：孩子单独学习还是集体学习效果较好，他喜欢什么课程，家中最近发生了什么事情可能会影响到孩子的学习。不管出现了什么问题，都应让老师尽早得悉各种信息，以便老师采取相应措施，这样，家长才能与老师"合力一处"，帮助孩子不断取得进步。

4. **支持学校的各项活动**。学校的各项活动，是学校结合学生的情况而安排的，家长要表示支持，不要怕影响了孩子的学习而不让参加。学校组织春游，就让孩子去；学校组织看电影，就让孩子去；学校组织运动会，就要让孩子主动参加。

关键5：不要对老师有偏见，转变对老师的态度

孩子对老师有偏见，就会讨厌老师讲授的课，就会对老师无理取闹……如此，不仅不利于课堂听课效率的提高，还容易影响到师生关系。因此，如果发现孩子对老师有不满情绪，就要引导孩子转变对老师的态度。

一次，乘地铁出门时，无意中听到这样一段对话：

"李刚站起来，我就知道老师不会说他，果真如此，哼！谁让他妈是学校教导主任。"

"对，老师对他就是偏心！"

"咱们老师就是偏心！昨天，我和李刚作业格式都不对，让我重做，而他只要改正就行，你说偏不偏心？"

"我总觉得老师看人的眼光不一样，对学习好的同学笑嘻嘻，对学习差的同学板着脸。"

"还记得上一次吗？下午来学校时，正好遇到几个老师。咱们问老师好，老师只看了咱们一眼，什么也没说，下次我再也不问老师了。"

"老师总是偏心的，学习好的同学不会忘，学习差的同学记不清，上次课上老师还把我的名字喊错了！"

"叫错名字不算什么，老师居然怀疑我偷看才考96分的，想想就不舒服。"

……

看着穿着学生装的两个学生，你一言我一语地聊着，我忍俊不禁，现在的孩子，唉！我们小时候，哪敢在背后议论老师。当然，我也没想到的是，学生对老师会有这么多看法。

孩子对老师的认识，很多时候都会受到先入为主的影响。比如：听上届的同学说，某个老师很严厉，他们上课就会小心翼翼；听说某个老师为人和善，他们就会将老师当"软柿子"捏；听说某个老师是势利眼，他们就会觉得，这个老师一定不能公平处事……

对老师先入为主的认识，定然会影响后期的判断，更会影响孩子的在校生活，比如：师生关系疏远或僵化，对老师不信任，孩子就会自我封闭；有些则因逆反心理，与老师对立、抗拒；分化班集体，形成小集团，班集体的向心力、凝聚力大大下降；学习缺乏主动性和积极性，学习成绩日益下降……因此一定要让孩子了解、分析、化解这种偏见。

不可否认，有些老师确实无法公平地对待每位学生，有的老师甚至还直言不讳："偏爱？当然有！要让老师不偏爱，简直是天方夜谭！"比如：有的老师喜欢女生、不喜欢男生；有的老师喜欢班干部、不喜欢其他同学；有的老师喜欢学习好的、不喜欢学习差的……在此基础上对学生做出的评价，就不会客观，自然会令学生对老师有偏见。

师生在交往中都有各自的需要，学生对老师存有偏见，大多是因为受到了不公平待遇。那么，如何化解学生对老师存有偏见的不健康心理呢？

1. **家长不要对老师有偏见**。有时，孩子们之所以对老师有偏见，就是因

为家长对老师有偏见,平时总给孩子灌输不利于老师的言论,比如:"看他们那点工资,还管人?""老师也是俗人,也会势利眼""连题目都教错了,还当老师,什么水平?"……如此,在家长的影响下,孩子自然也会对老师留下不好的印象。因此,如果想让孩子转变对老师的态度,家长首先不要对老师有偏见。

2. **鼓励孩子跟老师多交流**。教育过程是一个交往过程,这种交往不是单向或单维的,而是纵横交错的。如果师生之间的沟通和交往不顺利,就无法全面了解彼此,也无法正确做出判断,自然就容易对老师有偏见。因此,一定要鼓励孩子多跟老师沟通,不乱生猜忌。

3. **学会自我调节**。但凡有人的地方就会有比较,一个人的能力是有限的,不可能事事、时时、处处都是最优秀的,因此一定要让孩子学会自我调节。首先,要让孩子学会尊重他人;其次,要让孩子设身处地地为老师着想,将心比心,不强求老师;然后,要让孩子少些计较,保持乐观开朗的心态;最后,要让孩子懂得自省,能够正确对待别人,评价自己。

关键6：人无完人，正确对待老师工作中的失误

中国有一句俗话"人无完人，金无足赤"，不完美是自然界一切生物与非生物的一种非常合理的状态，我们也不能违背这一客观规律。

一天晚上，女儿拿着一张数学测验的试卷，让王女士看。上面有一道思考题，女儿用的方法完全正确，老师却给她打错了，因为老师说必须按照老师讲的方法做。

王女士是一名中学数学老师，她认为孩子的方法不仅没错还更简单一些，老师的判定会误导孩子，束缚孩子思维的发展。王女士对女儿说："你没有错，这道题不必改正了。"但女儿就是不听，还说："我不改老师会批评我的，你又不是我的老师。"

孩子听老师的话固然没错，但也不能这样不分对错、盲目听从。于是，王女士准备打电话和老师讨论这道题，但是爱人却反对她那样做，他说："多一事不如少一事，你可别为了争对错就得罪了老师，万一老师有什么想法，对孩子不利。"

王女士放下电话，但是心里却憋得慌。其实，她倒不是非要

和老师争对错,只不过她也是老师,知道老师"教书育人"的责任感,明知老师犯了知识性错误却不说,更不利于老师的成长。

"人无完人",谁都会犯错,何况是平凡的老师呢?所以,我觉得,发现老师犯了错,向老师直接提出是完全可以的。只不过,需要选择适当的场合和恰当方式。如此,不但不会得罪老师,还会让老师感受到你的宽容与负责。

外甥女12岁,经常在我面前说:"我们老师最没水平,经常讲错,我一点都不喜欢她,我估计她念小学时考试也不及格呢!还好意思批评我们!"后来我才发现,孩子之所以这样说,是因为她爸爸经常在她面前说:"你们老师讲错了,听爸爸的。你们老师算什么,一个小学老师有多少水平?我怎么说也是个研究生,你要相信爸爸!"

有些家长总认为自己文化水平高,瞧不起小学老师,一旦发现老师出现了知识性错误,更是担心把孩子教坏,立刻就会在孩子面前说老师的不是。其实,现在的孩子越来越有主见,有时在课堂上发现了老师的错误,他们还会直截了当地指出来,反倒是家长想多了。

有位老师在课堂上从不批评孩子的错误,如果孩子错了,老师就会睁大眼睛,嘴巴呈O型暗示孩子:"你错了!"学生在老师说错时,也会一起瞪大眼睛嘴巴呈O型地看着老师,老师就会明白自己错了。这种可爱的方式不但让师生相处更和谐,也让孩子从小懂得什么叫相互尊重。

在孩子的心目中,尤其是小学生心中,老师是绝对的偶像,老师的话就是"圣旨"。如果你怀疑他心中的偶像,他会感到万分失望。因此,发现老师犯了错误时,一定不要在孩子面前诋毁老师的形象,应该像那些睿智的家长一样,选取恰当的时机,向老师提出来,老师一定会愉快地接受并改正,也让孩子学会了理解和尊重。

在《西游记》中,唐僧师徒取得真经归来途中,遭遇第九九八十一难时,猪八戒毛手毛脚,将经书的最后一页拉掉一长条。唐僧表示很惋惜,而悟空

却说:"师傅,凡事都不是完美的,有一点缺憾,也是一种美。"唐僧听完,顿时释怀。

关键 7：忽视老师的付出，是对老师的最大不敬

对于自己的付出，很多父母都希望孩子能够理解，可是对于老师的付出，孩子该如何对待？一对母子曾有过这样一段对话：

妈妈：你们老师也真是，还叮嘱我给你多穿衣服。
儿子：我们老师就多事，少穿衣服怎么了。
妈妈：就是，孩子是我自己的，我还不知道。
儿子：我们班主任就是个事儿妈！不洗头要管，脸不干净要管，书包破了要管，作业本烂了要管……虽然她只有25岁，但我们都叫她麻婆婆。
妈妈：什么意思？
儿子：麻烦的老婆婆呗！
妈妈：你们倒挺会起名。
……

老师虽然是一份职业，可是跟这份职业连接的确是学习、生活。在教授学生知识时，他们也会关心孩子的生活。忽视了老师的付出，会让孩子不懂感恩。

放学回家，儿子一进家门就大声嚷道："别惹我，正火着呢。"

焦虑、担心一下子堵在了心口，郭女士小心翼翼地问："咋了，跟妈妈说说……妈妈绝对跟你一条战线。"

看着要强、刻苦的宝贝儿子这般沮丧，郭女士心疼得难以用语言来形容。

"在五班，不巴结老师就只能当孙子。"

"咋了？"

"自习课上，坐在第一排的同学总会给老师倒水。今天，老师在台上批作业，杯子里没水了，便让我去帮他倒。我可不想巴结他，就没动。结果，同桌去了。"

郭女士不知道说什么才好，她真的很不满意老师的做法，口渴了，自己不能去倒，还让孩子帮忙。批改作业顾不上倒水，难道孩子就有时间？

虽然心有不满，但她对儿子说："老师上了一天的课，确实很辛苦。倒杯水，怎么了？"

"我就不想巴结他。"

"老师给你们讲课付出了很多……"

"谁不是这样，妈妈你上班没有付出吗？"

儿子沉默了，郭女士却陷入了沉思。

尊敬老师是中华民族的传统美德。老师是孩子人生的引路人，是我们最值得尊重的人之一，平时家长应该教育孩子尊重老师。一日为师，终生为父，我们不能等到"教师节"才去感谢老师的付出。

尊重老师是每个学生都必须做到的。老师是一个非常高尚的称呼，他们每天站在讲台上，为孩子上课，帮孩子批改作业，非常辛苦。所以，一定要教导孩子尊重老师。该如何尊重老师呢？

1. **上课认真听讲**。作为学生，一定要尊重老师的劳动成果。一些小学生刚走出家庭来到学校进入课堂，一时还没有养成良好的学习习惯，上课管不住自己，喜欢动手动脚，甚至交头接耳，上课不认真听讲，不仅影响了其他同学的注意力，还分散了老师的精力。一定要让孩子理解老师的辛劳，尊重老师的付出，专心致志地听老师讲课。

2. **虚心接受老师的批评**。老师对孩子的爱犹如父母对子女，老师的批评教育体现了对学生的关心，是对学生的负责。如果学生做错了事，老师不闻不问，这难道是真正的爱学生？因此，如果孩子做错了事，一定要让他们虚心接受老师的批评和教育，积极改正。

3. **让孩子学会知恩感恩**。父母给予孩子生命，老师让孩子健康成长，老师把一个个懵懂、无知的孩子培养成了有知识、有教养的人。一定要让孩子学会知恩感恩，把老师父母般的关怀化作刻苦学习的动力，以优异的成绩回报老师。

第五章

修养——若要人生美好,就要有颗有修养的心灵

修养1：少一些无礼，多一些礼仪

不喜欢跟人打招呼、说话不讲礼貌、语言粗俗……孩子的这些不礼貌行为确实让家长感到头疼。为了让孩子讲礼貌，家长们使用了各种各样的方法，可是孩子却不一定受用。看着别人家的孩子乖巧礼貌、人见人爱，自家的孩子却如此不讲礼貌，父母都会感到焦急。要想让放孩子提高修养，就要让孩子少一些无礼，多一些礼仪。

妈妈带着三岁的儿子出门，在小区门口遇到了邻居张阿姨。张阿姨为人热情，在小区的人缘极好。妈妈表现出极大的热情，把孩子推到张阿姨面前，鼓动孩子说："快，叫张奶奶。"

孩子看了看，没有说话。这时候，张阿姨说话了："孩子都这么大了！"孩子没反应过来，表现得有些腼腆。张阿姨为了避免尴尬，立刻又说道："你们家孩子真乖啊！"

妈妈礼貌性地笑着点头道别，没走多远，就严肃认真地看着自己的儿子说："你怎么不知道叫人啊！不是都教你了吗？……"

遇到邻居或父母的朋友时，很多孩子要么低头不说话，要么躲到妈妈身后不看人。这种情况若偶尔出现，可能是因为孩子把注意力放在了其他地方。如果经常这样，父母就要注意了。父母应该认真观察孩子的表现，了解他们不主动打招呼的原因。如果孩子在任何场合都是这样，就需要进行积极的引导。

年龄小的孩子，遇到不熟悉的人，通常的第一反应都是警戒与退缩，这是自我保护的自然反应。这时，可以通过"儿子，这是咱们小区的张奶奶"等开始介绍，将孩子自然地拉入大人的社交圈，千万不要动不动就用"怎么不叫人？没礼貌！"这种口气来责备孩子。

礼仪，是家庭教育的综合体现，决定着孩子一生的修为。一个孩子的礼仪修养，是父母家庭教育成功与否的集中体现。这里，笔者给大家列出25条礼仪，看看你家孩子做到了哪几条？

1. 不打断大人的谈话，除非确实有急事。
2. 如果要跟某人说话，会先说一句"打扰了"。
3. 做某件事前拿不定主意，会先征求父母的意见和许可。
4. 问别人话时，会先说"请问……"。
5. 别人送给自己东西，时都会说"谢谢"。
6. 一些批评性的言论，只会跟朋友随便说说，不会到处传播。
7. 不对别人品头论足，但会称赞他人的外表。
8. 当有人向孩子问好时，孩子会礼貌回应，并且问候他们。
9. 在大人面前，孩子不说脏话。
10. 不口出恶言。
11. 任何情况下，不嘲笑别人。
12. 在朋友家做客时，会向主人表达感谢。
13. 进房间前会先敲门。
14. 打电话时，会先讲明自己是谁，然后再找自己想要找的人，不会一开口就问"×××在吗"。

15. 收到礼物后会表达感谢。

16. 看演出时，即使再无聊也会保持安静。

17. 撞到人时会立刻道歉。

18. 咳嗽或者打喷嚏时会遮住嘴，公开场合不会抠鼻孔。

19. 进出一扇门时会停一小会，帮后面的人把门开着。

20. 正确使用餐具，不知道怎么用时就问父母，或者观察其他大人如何使用。

21. 把餐巾放在身边，需要时拿来擦嘴。

22. 不会伸手去拿桌子上离自己比较远的东西，会请旁边的人传过来。

23. 看到父母、老师或者邻居在忙什么时，会问一句："用不用帮忙？"

24. 大人请他帮忙时不会抱怨，会带着微笑去完成。

25. 别人帮了忙会说"谢谢"。

修养2：少一些暴虐，多一些仁爱

在我们身边，很多家长都会因为孩子经常欺负人而头疼，每天都夹在他人的指责和孩子的委屈之间，不知道如何是好。其实，如果发现孩子确实比较暴虐，就要给孩子正确的引导，引导他们多一些仁爱之心。

张女士几乎每周都会接到老师的电话，说儿子在幼儿园里总是欺负其他小朋友。上周，儿子在幼儿园将一个小女孩的文具盒扔了并用脚踩坏了。老师让他道歉他不干，女孩家长到幼儿园讨说法，还给张女士贴上了"不会管教孩子"的标签，张女士感到很郁闷。

暴虐的孩子到处都有，稍不注意他们就会跟同学甚至老师发生正面冲突，产生恶劣影响。如果说，上面的事件是轻微的，那么下面的校园欺凌暴力事件，就让人感到触目惊心了。

以下是笔者整理的2015-2016校园欺凌暴力事件：

2015年6月21日，江西永新县一女生受到多人围殴，涉事女生一共有9人，其中小学生2人，中学生4人，3人辍学，年龄介于12~16岁之间。

2015年11月23日下午，一则视频在QQ空间、微信朋友圈热

传。视频中，一名穿着校服的女孩站在路边，被几名年龄相仿、着装相同的女学生轮番掌掴。短短的6分多钟视频里，女生遭38次掌掴。视频画面外，不时地传来阵阵狂笑。

2015年11月25日，重庆市多名初中女生一起殴打另一名女生，导致其伤残。事情的起因是，被打女生住校期间不注重个人卫生，招致寝室其他女同学的不满，一起打耳光教育她，导致十级伤残。

2015年5月，安徽怀远县火星小学，13岁的副班长在班里主要负责检查作业、监督背书等工作，向6名同学要钱。如果钱不够，就逼迫他们喝尿吃粪。

......

性格暴虐的孩子一般都自控能力比较差，不会考虑自身行为所产生的后果。面对孩子这样的暴虐行为，我们该如何矫正？

1. 逐渐改善家庭教育方式及氛围。有暴虐倾向的孩子，一般都曾受到不良家庭管教方式的影响。有些家长不了解育儿的方法和策略，不论孩子犯了什么错，不问缘由，就会噼里啪啦一顿痛打。在这样的环境中，孩子无法感受到家庭的温暖，会陷入深深的压抑和斥责中，心中就会聚集起怒火。一旦将这种情绪转嫁到别人身上，就会拿他人当出气筒，引发出敌对行为。所以，家庭环境对孩子良好个性品质的形成至关重要，要想矫正孩子的暴虐倾向，首先就要改善家庭教育方式和策略。

2. 角色扮演，帮孩子实现自我教育。在教育孩子的过程中，要以个体为主导因素，通过多种促进手段，进行自我构建，达到自我教育的目的。要引导孩子进行角色扮演，亲身体验被攻击后的痛苦、厌恶和愤怒等心理，让孩子更好地理解他人的处境，使其逐步对自己性格暴虐的行为产生否定情绪，认识到自身存在的问题，提高自控能力，自觉控制自己的暴虐行为。

3. 多鼓励肯定，少批评指责。著名的教育家说："积极的鼓励胜于消极

的制裁。"有攻击性心理的孩子，自尊心都很强，希望受到别人的尊重，向往得到大人的表扬。因此，当他们取得每一点进步时，大人要及时给予客观的评价和鼓励；当他们犯了错误或行为出现反复时，也要及时指出，跟他们一起分析原因；同时，讲清楚道理，让他们心悦诚服。如此，就可以消除性格暴虐的源头了。

修养3：少一些阴险，多一些善良

生活中，有些孩子的内心异常阴险，看到小猫，就要踢几脚；看到老实人，就想欺负……他们的心中没有善良，不懂得与人为善。这样下去，小则会引起他人的不满，大则会为自己带来很多的麻烦，甚至会影响到未来的发展之路。因此，在对孩子进行德修教育的时候，一定要培养孩子善良的品性。

有个男孩，喜欢说脏话，经常欺负女生，甚至对女老师也不尊敬。母亲多次向老师哭诉，孩子如何对她无礼。虽然老师对男孩进行了教育，但效果一般。男孩长得瘦瘦弱弱，并不是那种天生一副野蛮相的孩子。原因究竟在哪里？为了搞清楚事情真相，班主任对男孩进行了家访。结果，走到小区的时候，居然发现男孩正在院子里欺负一只小猫。

小猫蜷缩在墙角，身体瑟瑟发抖。男孩则一手拿着柳枝，一手气呼呼地骂着："让你跑！"走过这里的大人纷纷摇头。看到班主任过来，男孩立刻收起了柳枝，扭头跑回了家。

缺少善良的品格，聪明、勇敢、坚强、无所畏惧等品质越是明显，将来对社会构成的危险就越可怕。在许多地方，中小学生施暴、见死不救的现象屡有发生。例如：

2003年4月13日下午，晋江市陈隶镇五名少年一起到石村沙场玩耍，他们在沙场上挖洞避雨。结果，沙堆坍塌，一个男孩被埋，其他四个孩子没有施救，之后骑车回家。男孩的父母向四名少年询问儿子下落，他们都没有说出实情。直到当晚11点多，一个孩子将情况告诉了自己的母亲，男孩家长才知道出了事。

2004年1月10日上午，南平市延平区塔前镇，一名九岁女孩被人杀死在家中，脖子几乎被砍断了。调查结果表明，凶手竟是位14岁的初二学生。杀害了女孩后，这名学生还若无其事地看着女孩妈妈背着她上医院。

这些事件告诉我们：我们的教育体系中缺少应有的"善良教育"，而家庭教育必须补上这重要的一环。千万不要觉得，只要将孩子送进学校就可以，家长也要担起自己的责任，加强对孩子善良品性的培养。

善良，是一种美好的品格。善待他人就是善待自己，要想让孩子得到别人的爱，首先要让孩子学会善待他人。孩子心存善意，就会感受到温暖，就会乐于助人，就会懂得珍惜和感恩……因此，提高孩子的修养，要让孩子少一些阴险，多一些善良。如何才能让孩子少一些阴险，多一些善良呢？

1. **认真呵护孩子的同情心。** 同情心存在的基础是爱和关怀，没有同情心的孩子，也就不具备爱和关怀的善良品质。同情心与善良有着密切的关系，要想让孩子具有善良的品质，就要对孩子的同情心进行培养。比如：可以让孩子饲养几只小动物，培养孩子善待生命的品质。

2. **给孩子讲些善良的故事。** 需要从小培养孩子的善良之心。孩子一般都喜欢听故事，为了培养孩子的善良之心，父母完全可以多给孩子讲些关于善

良的故事。用故事来感染孩子的善良之心,让孩子从故事中感受到善良的宝贵,培养出孩子的善良意识。

3. **生活中渗透善良教育**。培养孩子善良的品性不是一蹴而就的,父母要在日常的点滴生活中,有意识地来培养孩子的善良意识,比如:让孩子多接触生活,让孩子体会父母为家庭的付出和艰辛;让孩子融入到真实的生活中,使其对生活满怀爱意,乐于为弱者提供帮助……如此,孩子也就具备了善良品质。善良品格的培养,需要在生活中渗透。

品德修养篇

修养4：少一些苛求，多一些宽容

宽容，不仅能帮孩子减少怨恨，还能带来温暖，更可以创造轻松和谐的氛围。要想让孩子健康成长，就要让孩子多一些宽容。一定要告诉孩子，你苛求别人，别人也会苛求你；只有善良对待他人，他人才会与你为善。

度假村，一位满脸歉意的工作人员，正在安慰一位约四岁的小女孩。小女孩似乎受了什么惊吓，已经哭得筋疲力尽。原来，那天学习的孩子较多，工作人员一时疏忽，在儿童网球课结束后，将这个小女孩留在了网球场。女孩一人留在偏远的网球场，受到惊吓，哭得很厉害。

之后，女孩妈妈出现，看着哭得厉害的女儿，蹲下来安慰说："已经没事了。那位哥哥刚才找不到你，也非常紧张难过。他不是故意的，你要亲亲那位哥哥的脸，安慰他一下！"

听了妈妈的话，小女孩踮起脚尖，亲了亲蹲在他身旁的工作人员，并且告诉他："不要害怕，我已经没事了。"

相信，通过这样的教育，定能够培养出宽容、体贴的孩子。宽容心是一种非常珍贵的感情，主要表现为对别人过错的原谅。这种感情对于孩子个性的健康发展，尤其是情感的健康发展，以及良好人际关系的建立有着非常重要的意义。

富有宽容心的孩子一般都心地善良，性情温和，惹人喜爱，受人拥戴；而缺乏宽容心的人则性情怪癖，容易走极端，不易亲近，人际关系往往不好。

现在的孩子大多是独生子女，在学校里受了委屈，父母就会心疼得不得了。于是有的父母就用"以牙还牙"的方式来教育孩子："别人打你，你就打他。"这样，不仅会助长孩子的坏脾气，还会影响到他将来人际关系的发展，甚至影响到孩子日后的夫妻关系。

教孩子学会宽容，不仅是为了孩子处理好同学关系，也是为孩子将来的幸福打基础。因此，一定要让孩子对他人少一些苛求，多一些宽容之心。怎样让孩子做到少一些苛求，多一些宽容呢？

1. **教孩子学会换位思考**。懂得换位思考的人，当双方产生矛盾时，一般都能站在对方的角度上思考问题，思考对方何以会如此行事、如此说话。做到这一点，就能理解对方，减少很多不必要的矛盾。如果孩子习惯于从自己的角度思考问题，不喜欢站在别人的角度思考问题，就要让他学会换位思考。站在父母的角度上考虑，就会理解父母的良苦用心；站在老人的角度考虑，就会理解老人的那份关爱和唠叨；站在老师的角度上思考，就会理解老师工作的不容易；站在同学的角度上思考，就会觉得大多数同学是可爱可亲的。

2. **理解每个人都有缺点**。"金无足赤，人无完人。"每个人都有缺点与不足。不管是和同学还是和朋友相处，都没有必要求全责备，完全可以求同存异。一定要告诉孩子：每个人都有缺点，只要同学和朋友的缺点不是品质方面的，不是反社会的，就要接受，没必要事事计较；要求别人十全十美，只会使自己被孤立。

3. **让孩子多与同伴交往**。孩子的宽容之心是在交往活动中培养起来的，只有不断地与人交往，才能发现每个人的缺点和错误，才能学会容忍别人的缺点和错误，才能与人正常交往，比如：称赞别人的缺点、庆贺同伴的成功、帮助有困难的同学、采纳别人的合理建议等都能让孩子收获友谊，分享成功，使自己获得进步。

修养5：少一些谎言，多一些诚实

说谎，是孩子为了逃避责任而做出的反应。经常说谎的人，人们就会对他失去信任，就会渐渐远离他。因此，如果想让孩子拥有好人缘，就要鼓励孩子为人诚实。发现孩子撒谎，或者欺骗别人，一定要让孩子主动承认。因为，只有诚实的孩子，才会招人喜欢。

一天，宏宇的妈妈发现，书架上的青花瓷瓶出现了胶水粘合的痕迹。她想了想，可能是孩子玩皮球时不小心碰倒的。妈妈问宏宇，他却摇着头说："不是我，我……傍晚看到一只猫从窗户跑进来，怎么也赶不走，在客厅上窜下跳，最后碰倒了花瓶。"宏宇妈听完，点点头，说："好。"

晚上临睡前，妈妈拿出三只彩色卡通印章走进宏宇房间，温和地对他说："宝贝，今天我知道是你玩皮球时摔坏了瓷瓶，但我想要奖励你。第一个印章，奖励你发挥了丰富的想象力，杜撰出一只会开窗户的猫的故事；第二个印章，奖励你有优秀的修复能力，虽然使用的是胶水，但你做得却很认真；第三个印章，我对你表示歉意。作为大人，我不应该把易碎的物品放在容易摔落的地方，幸好没砸到或吓到你。"

宏宇听完,脸色一阵红一阵白,虽然妈妈奖励的是自己最喜爱的玩具,但他却感到不开心:"妈妈,你知道是我摔坏了瓷瓶?"妈妈搂过孩子的肩膀说:"是的。不过,我给你这些奖励,更希望你能做个诚实的好孩子。我绝不会无缘无故地责怪你。"

宏宇坚定地点点头,从那以后,他再也不敢用说谎来掩饰错误了。

说谎是人的本性,更何况是小孩。当孩子的思维逐渐变得复杂,并且有能力分离现实世界与虚构世界时,本身就具有了说谎的能力。这时,只要受到一些特定的情景触发,比如,打碎了杯子、写不完作业怕挨批评,甚至单纯觉得好玩,都有可能说谎。家长要做的就是,使用下面的方法,让孩子养成诚实的品格。

如今的职场,更喜欢诚信的人。谎话连篇,不仅无法和同事融洽相处,更无法赢得公司的认可。想要养成诚实的品格,就要从小培养。从这个意义上来说,从小培养孩子诚实的品格,也是在为孩子未来的职场铺路。因此,在教育孩子的过程中,一定要让孩子少些谎言,多些诚实。如何做到让孩子少些谎言,多些诚实呢?

1. **找到原因,对症下药**。孩子说谎的原因有许多:有的因为自己犯了错,害怕受到惩罚而说谎;有的是为了让家长满足自己的某种愿望;有的是模仿了大人的行为;有的是为了不做自己不喜欢做的事情;有的是为了引起别人的注意……在种种说谎现象中,有些谎话是无意的,有些是故意的;有些是偶然的,有些是经常的。当发现孩子撒谎时,首先就要了解清楚,孩子说谎的动机和性质是什么,然后再根据不同的说谎原因采取不同的措施,对症下药,千万不能妄下结论。

2. **聆听孩子,与孩子沟通**。如果是为了免除负面后果而说谎,就要了解

孩子的需要，制定出实事求是的规则；如果孩子可以做且愿意做，自然就不会说谎了。要想让孩子减少撒谎的行为，就要多聆听孩子，多跟孩子沟通，看看孩子究竟是如何想或者想怎么做。一旦孩子知道父母是理解自己的，他们的撒谎行为就会减少一些。

3. **不要随意给孩子贴标签**。很多时候，孩子之所以会说谎，并不是为了伤害他人，不要轻易将孩子的说谎行为与品质划等号。不能因为孩子的某一次谎言就定性孩子为"小骗子""吹牛大王"等。如此，不但无助于改掉孩子说谎的毛病，还容易强化孩子的说谎行为，促使孩子今后更努力地说谎。原因就在于，如果孩子认为父母觉得自己是不诚实的、爱说谎的，自尊心就会受到伤害，会产生逆反心理，即使是真话，也要反着说了。

4. **不要惩罚认错的孩子**。看到孩子说谎，就感到气愤，就采用严厉的斥责、惩罚甚至打骂的方式来对待孩子，不但无法取得理想的效果，而且父母责骂、惩罚越厉害，孩子的说谎行为越严重。其实，许多孩子说谎都是源于担心大人的惩罚，为了保护自己，他们不敢说真话，就会说假话。如果家长无法控制自己的情感，采取严厉而粗暴的惩罚措施，或许暂时会让孩子服软，但并不能从根本上解决问题。

品德修养篇

修养6：少一些奢华，多一些俭朴

现实生活的高水平并不是生活奢华的理由，不管在任何时候，都要提倡节俭。俗语说的好，由俭入奢易，由奢入俭难。为了减少孩子的奢侈浪费，就要让孩子俭朴一些、低调一些。

小杨过11岁生日的时候，十几名跟他关系不错的同学自发地组织在一起，每人拿出30元，买来生日蛋糕和生日礼物，送到小杨家。看到这个情景，为了表示感谢，小杨索性拿出自己的6000多元压岁钱，邀请大家到附近一家颇有名气的饭店吃饭。

就在他们欢庆生日的时候，又进来十多个中学生。大家围在前台，嚷嚷着要去包间吃饭。被簇拥在中间的学生大声地说："最大的包间，菜上最好的，再要两扎啤酒。"服务员不可置信地看着孩子们，询问由谁埋单，被簇拥的那个孩子从口袋里掏出一张卡，抬手扬了扬："我爸给我办了张牡丹卡，这顿饭我请！"

不可否认，如今的中小学生似乎成了最豪气的顾客，遇上谁过生日或者其他喜庆日，孩子们就会聚在一起，花钱如流水，菜要最贵的，烟要最好的，

酒要最烈的……而且，剩菜从不打包。调查显示，80%的孩子过生日时，都会收到同学送来的礼物，一般为玩具或文具；而在高年级学生中，遇到过生日之类的喜事，就会出现请客现象。请客的名目繁多，比如：考试得了名次，要请关系不错的同学撮一顿；被选为班干部，会请支持自己的人喝点酒……

在多元化的今天，一味地抨击给下一代巨额零花钱的的爸妈似乎也不尽合理，人家有这个能力，不违法不违规，为什么不能让孩子花？不过，我想说的是：当大人给孩子支付巨额消费时，有没有想过，这种做法给孩子传递了一种什么样的价值观？

孩子价值观的形成，都体现在日常生活的琐事中。平常或许根本看不见，可是到了关键时刻，却决定着孩子的成长方向，左右着他们的选择。

孩子的心灵，就像是一张朴素的白纸。他们为人处世，都喜欢以自我为中心，从自我出发来认识这个世界，感受周围的环境，学习满足自我需求的手段。在他们的字典中，根本就没有奢侈、节俭等概念，更不知道奢侈与节俭对于一个人的意义何在。因此，一定要尽早培养孩子节俭、艰苦朴素的习惯。

1. **从衣食住行入手，培养并约束他**。要想让孩子养成节俭的好习惯，就要从衣食住行入手，给孩子做好榜样，同时对他进行一定的约束。在吃的方面，不能无条件地满足孩子的要求，不能总大鱼大肉，要让他吃些清淡的蔬食。在满足孩子营养需求的前提下，告诉他"对饮食，勿拣择"的道理，吃饭时要做到"盆干碗净"。

2. **不要给孩子过于丰厚的物质和金钱**。很多父母在工作和事业中备尝艰辛，不想让孩子再吃苦受累，对其娇生惯养，给孩子大量的钱财任其享受。如此，不是爱孩子，反而会害了孩子。对孩子真正的爱，是将自己在创造财富过程中磨练出的精神意志传给他们。所以，在生活中，无论孩子做什么，都不能让他们奢侈浪费，要鼓励他们厉行节俭、多参与慈善事业。同时，要告诉孩子：钱不是天上掉下的馅饼，而是由人的劳动创造的。

修养7：少一些骄傲，多一些谦虚

骄傲的人，一般都看不起别人，只要自己有了一点成绩，就会翘起"小尾巴"。他们就像是一只只挺着脖子的花公鸡，趾高气昂，目中无人，唯我独尊。优秀的孩子，都是谦虚的孩子，即使取得了成绩，也会含明隐迹。

小惠聪明可爱，不仅成绩优秀，还能歌善舞，发展全面，是个非常优秀的中学生。在学校，班主任将其看作是骨干；在家里，父母将她看作是掌上明珠，宠爱有加。

渐渐地，小惠越来越觉得自己不平凡。她狂妄傲慢，总觉得自己了不起，总想显摆自己。如果妈妈说，其他孩子某方面挺好的，她就不服气，说人家坏话。如果看到他人不如自己或者某些问题自己知道而同学不懂，她就会说："连这都不知道啊！""这么简单的问题都不懂，真是笨蛋！"由于她总是蔑视和嘲笑别人，导致她跟同学之间的矛盾越来越大。

一次，小惠嘲笑同桌学习用具低级。同桌听了，反嘲小惠说："你以为你是谁啊？千金小姐，还是公主？"小惠碰了一鼻子灰，气得大哭大闹，幸亏老师出面调解，才使两人和解。小惠对同学的态

度引起了其他同学的不满,第二次班干部竞选,她就落选了。回到家,她一个劲儿地哭,午饭都不吃,边哭边说:"凭什么不选我?他们就是妒忌!"

骄傲自满情绪的出现,主要是由于对自身没有形成正确的认知,高估了自己。人在低估自己时会自卑,而高估则会自负或骄傲。目中无人,孩子就会在自己跟外界之间建起一道无形的墙,大多数时间只能生活在自己的世界里,不利于孩子的发展。

骄傲的孩子都有自己的资本,比如:生活条件优越、长得漂亮、成绩好,其中不乏优秀的孩子。可是,正是他们的骄傲,让他们把自己独锁在骄傲王国,变得狭隘、自私。骄傲非常恋旧,它会让孩子长时间沉湎于过去寥寥可数的胜利中,不听他人意见,让骄傲成为自己人生之路的"绊脚石"。因此,一定要培养孩子谦虚的性格。怎样才能培养出孩子谦虚的性格呢?

1. **让孩子认识骄傲的危害**。要想让孩子少些骄傲,就要让孩子认识到,骄傲也是健康成长的"绊脚石",任何成绩的取得都是阶段性的、局部的,只能作为一个起点。在学习上,知识是无边的海洋,不要学到一时一事就忘乎所以,要知道知识远远不够。家长应有意识地给孩子介绍一些成功者的经验,告诉他们:古今中外的成功人士在取得成绩后依然都能保持谦虚而奋进。

2. **对孩子进行挫折训练**。想让孩子少些自傲,就要对孩子进行挫折训练,让孩子尝试失败的教训。可以让孩子做一些较难的事。如果还没有完成,就帮助他分析原因,让他看到自己的不足。同时,还要跟孩子一起玩智力比拼。在比拼中,不能总让孩子赢,要让孩子有输有赢,输的次数要多于赢的次数。孩子失败时,要将调节不良情绪的方法告诉他。

3. **让孩子正确面对批评**。正确面对批评和建议是终身都要学习的一项学问,孩子之所以会骄傲自满,有时候也和他自己不能很好地处理别人的批评和建议有关。批评,通常针对的是一个人的缺点,如果孩子能接受批评,就

能清楚地看到自己的缺点。孩子们之所以会在评论自己时出现偏差,就是因为他们"不识庐山真面目,只缘身在此山中";如果他们能经常听取别人的意见或建议,就能不断地充实和完善自己。

经营孩子的人生
——锻造天之骄子

修养8：少一些狡猾，多一些正直

正直是人的一种优秀品格，对很多人来说，做一个正直的人也许很难。正因为如此，当正直的人站在人们面前时，才会显得异常高大，让人情不自禁地仰慕。

陶侃是东晋名将，母亲从小就教育他为人要正直。长大后，陶侃要到某地做小官。临行前，陶母苦口婆心地对他说："侃儿，娘苦了一辈子，总算看到你熬出了头。希望你能做个清廉、正直的人，不要误国害民。"后来，陶侃担任渔梁吏，监管渔业。想到母亲一生清贫，陶侃觉得自己愧对母亲。

有一次，趁属下出差时，他嘱托属下带了一坛腌鱼送给母亲。谁知，属下回来时，居然又将那坛腌鱼带了回来。同时，还附上了陶母的一封信："你身为国家官员，怎么能用公家的东西孝敬我呢？我不但无法接受，还更加为你担忧啊！"陶侃收到母亲的信后，感到异常羞愧。陶侃将母亲的教导谨记在心，后来果然成了一位臣心如水、洁清自矢的官员。

正直的人总会直言自己的想法和愿望,并依言而行;他们不会随声附和,凡事都有自己的看法,对自己不了解的情况从不乱说;他们从来都不会在背后议论他人,即使有意见,也会当面说,及时解决掉;他们勇于承认错误,不喜欢说谎,不会诿过于人。

一天,父亲到幼儿园接儿子回家,发现了一件有意思的事情:班里有个身材强壮的孩子在欺负一个弱小的孩子,儿子看不惯,便主动上前帮助弱小的孩子,主持公道。

回家的路上,父亲表扬了儿子的勇敢行为,并进一步教育孩子:"对自己认为正确的事情,不管其他小朋友怎么看,都要勇敢坚持。同时,对小朋友的缺点和错误提出批评和帮助时,也应讲究方法。如果自己有错,要主动承担责任。这样,其他小朋友才会愿意帮助你。"

不可否认,这位父亲支持儿子坚持正义的做法,对培养孩子的正直品格有着非常重要的意义。正直是做人的根本品格之一,古希腊哲学家德谟克利特这样说:"给人幸福的不是身体上的好处,也不是财富,而是正直和谨慎。"父母应该让孩子多一些正直,少一些狡猾。

如果孩子变得更加正直,思维速度会加快,做事效率也会提高,这就是正直的巨大效用。要从小培养孩子做一个正直的人,父母就要从下面几方面做起:

1. **言传身教,做正直父母**。俗话说:"己不正,何以正人?"父母要从自己做起,给孩子树立榜样,加强自身道德修养,做正直的人,让一言一行都成为孩子学习的表率。比如:对亲友、同事不说谎、不做假;不欺骗孩子,信守承诺;敢于在孩子面前做自我批评;孩子做错事后,不袒护包庇;不在孩子面前说别人坏话等。苏联著名教育家马卡连柯曾说:"不要以为只有你们

（父母）和儿童谈话时，或教导儿童、吩咐儿童时，才是执行教育工作。在你们生活的每一瞬间，都教育着儿童……"所以，父母要以自身的正直言行来影响孩子，使孩子成为一个正直高尚的人。

2. **多给孩子讲关于正直的故事**。如果想培养孩子正直的品格，就要引导孩子多接触一些具有正直品格的人的优秀的故事。比如，可以给孩子讲一些历史上发生过的事，让孩子逐步懂得：正直是中华民族的优秀传统美德，如此孩子就会乐于做一个正直的人。

经常给孩子讲优秀人物的故事，孩子就一定会成为一个正直的人。

3. **教育孩子严格要求自己**。正直的人，一般都能严格要求自己。在孩子小时，要有意识地让孩子严格要求自己，比如，老师布置的作业，一定要按时完成；过马路时，红灯停，绿灯行，即使有人闯红灯，自己也要遵守交通规则。只有严格要求自己，才能成为正直的人。

三、学习激励篇

夫学须志也,才须学也。非学无以广才,非志无以成学。

——诸葛亮

第六章

学法——掌握一定的学习方法，方能事半功倍

方法1：学习有计划，才能有方向

古人说得好"凡事预则立，不预则废！"做事有计划，对于一个人来说，这不仅是一种做事习惯，更是一种做事态度。对于孩子来说，制定完善的学习计划能帮助孩子明确学习目标、合理安排时间、增强学习自觉性和积极性、提高学习效率。因此，要想帮孩子明确学习方向，就要给他们的学习制定一份计划。

案例1：

小明是个小学六年级的孩子，头脑聪明，但是对于学习总是不能持之以恒，三天打鱼、两天晒网，成绩不理想。为了提高数学成绩，小明向妈妈保证，自己一定努力把数学成绩提上去。妈妈听了他的保证感到很欣慰，至少孩子知道要努力了。

小明确实没有敷衍妈妈，第一天他就认真地做了两页练习题，自己感觉也很充实。结果一个星期后的晚上，妈妈突然发现他并没有做数学题，也没有阅读课本知识。妈妈提醒小明："你答应过妈妈要提高数学成绩的！"小明无奈地说："我连着学了几天，但是没有效果。而且，其他科目老师布置的作业也很多，不能只学数学。"

妈妈笑着说:"你应该为自己制定一个学习计划,知识的积累不是一蹴而就的。几天的努力怎么可能把长期积累下来的问题全部解决掉呢?"小明听了之后,认真地点了点头。

案例2:

小维上四年级,总觉得自己每天学习很忙:语文作业没写完,就扔下做数学作业;平时基础不扎实,快考试时,只好临时抱佛脚;放学回家后,看到有人在玩,想着先玩一会再写作业,回家后动画片正好开始,看完了又要吃饭,结果时间很晚了作业也没写完,第二天还要早起上学……日子一天天过去,他感到有些茫然,不知道如何合理安排时间,提高学习成绩。

小维的困惑,其实是不懂得制定学习计划的体现。为了改变他手忙脚乱的生活,妈妈特意为他制定了一份学习计划。果然,小维按照制定的计划实行,既保证了学习,也没有耽误娱乐。

一大堆事情摆在面前,成年人都会感到手忙脚乱,更何况孩子?生活中我们经常会看到这样的孩子:学习很努力,成绩却一直上不去;拿起语文课本,读了两句就放下,又拿起数学课本看,一会儿又翻出画板……孩子之所以会出现这样的问题,主要的原因就是不知道计划的重要性,没有给自己的学习制定计划,东一榔头西一棒槌,像只没头苍蝇乱撞。

学习计划是学习的蓝图,有了计划,孩子的学习也就有了规律和目标。制定了有效的学习计划,再有效地实施,不仅有利于提高孩子的成绩,还可以磨炼孩子的意志,培养孩子养成良好的生活和学习习惯。因此,要想让孩子提高学习效率,就要帮孩子制定一份学习计划。那么,该如何帮孩子制定学习计划呢?

1. **以孩子的学习习惯为立足点**。学习计划的制定,应该以孩子的学习和

生活习惯为立足点，如此才能增加计划的指导性和可行性。孩子的课堂表现、与同学交流学习的情况、孩子的生活习惯等都是帮助他们制定学习计划的依据。及时了解这些情况，能够帮助父母正确地指导孩子进行学习计划的制定和实施。要针对一星期或一天的时间安排孩子在每个时间段做什么练习，把一天的时间表安排好，就可以督促孩子按照计划去实行每个步骤。

2. **计划设置要合理，不要好高骛远**。有些父母和孩子喜欢把目标定得很高，比如：这个周末背一百个单词，下次考试要进入前三名……超越孩子的能力范围，孩子费了很大的劲儿，也无法提高，只会有苦难言。这样的计划，不仅会让孩子感到疲累，也会让制定的计划无法实现，没有成效。因此，要根据孩子的实际情况来制定学习目标。既不能太高，也不能太低，要保证他们跳起来、伸伸手，能够着。

3. **监督孩子按照计划做事，不推诿**。督促不力，过分迁就孩子，是学习计划无法执行的重要原因。任何习惯的养成都不是一蹴而就的，过去散漫惯了，突然让孩子们按计划做事，他们可能会无法接受。开始时，孩子可能不习惯每天都按计划办事，会临时改变主意或者转移兴趣，也总想按照自己的想法去做，但只要父母态度坚决，讲清道理，孩子就会习惯按计划来学习。

学习激励篇

方法2：主动学习，才能提高学习效果

前苏联的一个教育家说："家长和教师通常都犯的错误是：不了解学习是脑力劳动，脑力劳动所特有的规律是劳动者必须处于主动的状态。"要想让孩子的学习达到理想状态，就必须激发孩子学习的欲望，而不是逼迫他去学习。只有引导孩子提高学习的主动性，才能提高学习效果。

案例1：

小超就读于某小学二年级，长得帅气十足，人见人爱，就是贪玩、不喜欢学习，甚至连课后作业都无法按时完成，家庭作业更是偷工减料。妈妈了解到这个情况后，开始督促儿子写作业、预习、读课外书。刚开始时，小超每天放学后都会有模有样地坐在那里学习，可是坚持了没几天，就坐不住了，一会儿要喝水、一会儿要上厕所，要不然就是坐那里发呆……

妈妈非常着急，给儿子讲了一大堆道理，并且要求更加严格。没想到，在妈妈的高压政策下，小超反而越来越逆反，不但成绩没上去，还退步了不少。

案例 2：

小时候，妈妈就非常重视对小冰的引导，她为小冰提供了宽松的学习环境，经常带他去图书馆，观察他的兴趣所在，使他在强烈的好奇心驱使下，自觉主动地不断学习新知识。

妈妈从来都不强迫小冰必须要怎么学，也不会监督孩子学习，只是在恰当的时候，给他提供指导性意见，让他顺其自然地发展。即使在准备学期考试时，她也不会过问小冰的学习情况，只是不断地传达自己对他的信任。在这样宽松的环境中，小冰的主观能动性得到极大的发挥，最终以全校第一名的成绩考入了当地重点中学。

著名教育家叶圣陶曾经给老师们上过这样一堂课：

叶圣陶将一只大公鸡放到讲台上，撒了几粒米，按着公鸡的头让公鸡吃米。结果，公鸡左躲右闪，就是不吃。后来，他把公鸡放开，在地上又撒了几粒米，自己走到一旁，公鸡居然主动跑过去自己啄米了。叶圣陶对老师们说："我们的教育就像喂这只公鸡。按着孩子，让孩子被动学习不会有好效果，要调动孩子的积极性，让孩子主动学习。"

主动学习是孩子学习思想意识的觉醒，不用他人提醒和催促，孩子就会自觉圆满地完成学习任务。在这种状态下，孩子的学习成绩也会取得突破性进步。

孩子能否自觉地学习，直接关系到其学业发展；一旦孩子养成了主动学习的习惯，对他一生的发展都将有益。那么，如何才能让孩子主动学习呢？

1. **唤醒孩子自主学习意识。** 为了表达对孩子的爱，很多父母喜欢为孩子做决定。比如：上兴趣班、补习班，从来都不会主动征求孩子的意见，孩子的自主意识就在悄无声息中抹杀了，学习也会缺乏自主意识，不敢面对学习中的困难和挫折，喜欢选择逃避或求助于他人。

而学习好的孩子都不是靠父母的强制逼迫培养出来的。要想唤醒孩子学习的自主性，就要告诉孩子：学习时不要依赖他人，不要受他人的控制和干涉，要自己判断、自主学习。要重视培养孩子的主动性、自信心、自律性和责任感，这是培养孩子的自主学习能力所必需的。

2. **想办法增强孩子求知欲**。"兴趣是学习和求知的最大动力。"兴趣对孩子的学习来说是非常重要的。孩子对世界万物充满好奇，总想问个为什么，这时就要充分利用孩子的兴趣，给孩子学习和实践的机会，引导孩子主动学习。

3. **相信孩子自己能够学好**。每个孩子都有巨大的潜能，父母的引导和启发能使孩子主动地学习和创造性地探索，主动地进行自我潜能的开发。要真正把孩子强烈的求知欲激发出来，就要把学习的主动权还给孩子，首先要相信孩子有能力学好。当孩子从父母身上感受到这种信任的时候，他们也会更加相信自己，学习的时候也会更加努力。

方法3:掌握知识间的联系,形成统一的知识结构

美国教育家布鲁纳讲过:"不论教什么学科,务必使学生理解该学科的基本结构。"他还说:"获得的知识如果没有完整的结构把它们联在一起,那就是一种多半会被遗忘的知识。一串不连贯的论据在记忆中仅有短暂的可怜的寿命。"各知识点之间都是有联系的,想让孩子学得轻松,就要让孩子将这种联系掌握在手里,形成统一的知识结构。

小冉是一名六年级的学生,马上就要升初中了。发现小冉的学习成绩有了波动,妈妈非常担忧。其实,小冉成绩出现下降,并不是因为她学习不用功。相反,从上学开始,小冉就非常用功,不需要妈妈的督促,就会主动地写作业、背单词、背课文、预习……刚开始时,小冉成绩非常好,每次单元测验都是名列前茅,双百也是经常的事情。可是上了四年级后,小冉的成绩就出了点小问题,例如:单元测验还不错,期末考试,名次就会稍稍降低。

当时,妈妈并没有意识到这一点,以为是孩子太紧张的缘故。就这样,到了六年级。进入系统复习阶段后,小冉比以前更用功了,但成绩却一路下降。妈妈非常担忧,特意跟老师进行了沟通。经过老师的一番分析,妈妈恍然大悟,原来小冉的成绩下滑是因为没有形成统一的知识结构。在小冉的脑子里,所有的知识都是零散的、处于游离状态,她能清楚地记住一个单词、一个数学公式,但是因为知识不系统,使用时经常会出错。

明白了根源所在,妈妈就开始引导小冉调整学习方法,每天都抽出一定的时间,帮助孩子整理零散的知识,让其系统化。这个过程非常慢,但妈妈还是坚持了下来。几个月后,小冉的成绩出现了明显回升。

有的孩子单元测验成绩很好,可一到综合考试就不行了,原因多半都是他们没有掌握知识间的联系,没有形成相应的知识结构。不及时整理各章节之间的知识点,知识处于游离状态。这种零散的知识很容易遗忘,也很容易张冠李戴。

知识结构是知识体系在学生头脑中的内化反映,构建一定的知识结构在学习中很重要。没有合理的知识结构,学习再多的知识,也是一盘散沙,无法发挥出它们应有的功效。

作为家长,在培养孩子学习方法时,一定要注重对孩子知识结构的培养,让孩子将学习的各个知识点相互联系起来,将知识学得扎实、有效。

1. **章节内建立知识体系**。课本章节内的知识往往都有一定的独立性,联系相对紧密一些,更容易形成知识体系。在孩子理解记忆本章节的基本概念、公式、定理、规律,掌握了本章节的基本知识点和基本解题技巧后,要让他们深入思考不同知识点之间的深层联系,总结出不同解题技巧之间的深层联系,建立起本章节的知识点体系和解题技巧体系。

2. **形成跨章节知识体系**。在形成章节知识体系的基础上,要让孩子进一步形成跨越章节的内容之间的联系,建立起整门课程的知识体系。可以把某

一重要规律、某一个线索、某一道典型的综合题目作为"线索"进行联系。

3. 淡化各章节之间的痕迹。章节往往是人为划分的，而知识是一个整体。通过练习、深入思考、总结、回忆等学习方法，就会从不同的角度建立起贯穿某门课程全部内容的联系，并不断梳理、简化这些联系。之后，通过一定数量的综合题目、难题，不断灵活运用知识。

方法4：抓住重点和难点，也就抓住了关键

学习方法不当的孩子，抓不住学习的重点和难点，找不到学习的突破口，只会浪费掉大量的时间与精力。课上，老师讲的重点难点是什么，不关心；课后，重点做什么，没思考。殊不知，学习成绩提升的关键就在于突出重点，突破难点。

小俊是初中二年级的男孩，父母都是普通工人，对小俊寄予了许多期望。为了将孩子送入当地最好的初中，他们不惜借款。小俊是个懂事的孩子，知道爸妈的不易，学习也非常努力，但成绩却总是差强人意。每次把自己的考试卷子拿回家，父母看了，都直摇头。但是看到儿子低头不语的神情，想起他每天刻苦学习的情景，就不忍心责备他了。父母对于小俊的表现百思不得其解，甚至怀疑他的智商是否正常。但是小俊懂事的表现，让他们知道儿子很机灵，他们更不明白了，究竟是怎么回事？跟老师沟通后，他们才知道，儿子的问题主要出在没有抓住学习的重点和难点，学习没有效率，成绩难以提高。

据说,古时候有些人记忆力非常好,甚至可以把文章倒背如流、过目成诵。可是郑板桥却看不起这种人,把他们叫作"没分晓的钝汉"。什么叫没分晓?就是不分主次、轻重,不管有用、无用,一股脑儿全都背下来。

在孩子的学习过程中,正确把握重难点是一件非常重要的事。每天孩子都会接触很多信息,大部分信息是不需要记忆的。尤其是在听课时,虽然不可能把老师所讲的每一句话都印在脑子里,但一定要抓住重难点。

小玲在某中学读初一,学习十分努力,平时上课认真听讲,笔记也做得非常好,老师讲什么、在黑板上写什么,她都要抄到笔记本上。可是,这节课,究竟重难点是什么,小玲一塌糊涂。把老师讲的所有内容都记下来,却忽略了重难点的把握。所以,即便她再怎么努力,考试成绩也不突出。后来,在老师和家长的帮助下,小玲开始有意识地去抓住课堂上的重难点,慢慢地,她的学习变得轻松而优秀了。

每节课都有重点和难点,将这些问题搞明白了,听课效率也就提高了。眉毛胡子一把抓,妄想将老师讲的一字不落地听进去,只会让孩子陷入迷茫。抓住了重点难点,也就抓住了关键知识点。那么,应该如何引导孩子在学习中把握重难点呢?

1. **让孩子做好预习,听讲才有重点**。对于孩子来说,自己搞不明白的地方,就是听课的重点。因此,要根据课前预习的情况,重点听预习时没有弄懂的部分,仔细听老师的讲解,争取把疑难点解决。

2. **教孩子从老师讲课中捕捉关键信息**。要想抓住老师讲课内容的重点,就要从老师所讲述的内容中捕捉有用的信息,比如:定义的阐释、公式、定理的推导,以及解题的方法等,还要注意老师是如何导入新课、做小结的。

3. **让孩子要抓住课堂的开头和结尾**。抓课堂重点时,一定要好好抓住开头和结尾。有些孩子听课时,经常会忽视了老师讲课的开头和结尾,错误地认为:开头语不是正文,可听可不听;结束语则是正文的重复,既然前面已经听过了,就可以不用再听了。因此,在上课开始和结束时常常心不在焉。

其实，老师讲课的开头，虽然只有几句话，却是整节课的提纲。只有抓住提纲去听课，下面的内容才能搞清楚，才能知道该做什么，该按照怎样的步骤去做。结尾的话虽然也不多，却常常是一节课精要的提炼和复习的重点，有着不容忽视的作用。

方法5：认真理解知识点，死记硬背要不得

在中国传统教育中，似乎背书是学习的必要技能之一。那么，背书到底好不好呢？在回顾学习往事时，当初滚瓜烂熟的的文章大多数已经不记得了，除却一些经典的诗词古文。由此可见，在培养孩子学习能力时，让孩子死记硬背是不科学的。只有在理解的基础上，才能对各知识点灵活运用。

小陶是一名小学三年级的学生，别看年纪不大，却是个十足的大忙人。每天放学回家之后，就是拿出课本、背课文、背生字、背诵英语单词、背诵数学公式……问他一个数学公式，小陶能很快地背诵出来；若让他用这个公式去解题，他就为难了。数学如此、语文、英语都是如此，小陶除了背单词、就是背课文，可是第二天又忘了单词怎么写，于是就会开始新一轮的背诵……即使这样刻苦，小陶的成绩也是一塌糊涂。小陶感到很气馁，经常问妈妈："妈妈，我是不是比别的孩子笨，为什么总也记不住？"看到儿子的模样，妈妈也很心疼，但是又不知道如何才能让孩子的学习变得既轻松又有效。

死记硬背不假思索地重复，多次重复直到大脑中留下印象为止，不需要理解，不讲究记忆方法和技巧，是最低级的学习方式。如此，不仅会让记忆内容相互混淆，还无法长久记忆。当学习内容没有条理，或孩子不愿意花时间去分析学习内容的条理和意义时，就会采用死记硬背的方法。

小小回到家后，不会将所有的时间都用来学习、背课文、背单词上，而是利用一定的时间，先将作业写完，然后根据自己的情况进行预习。等到将所有的事情做完后，小小便开始自由活动：看电视、玩、做手工等。在外人看来，小小确实是个不怎么用功的孩子，可他却经常是班里的第一名。虽然小小在学习上花费的时间不多，也没有整天抱着书本死记硬背，但是每天他都会抽出一定的时间将以往的知识点进行回顾、理解。无论哪个学科，他的学习方法总是先理解，然后在理解的基础上加深记忆，并通过典型的例题去强化。

学习不是死记硬背，也不是埋头苦读，需要掌握好的学习方法，利用有限的时间去学习更多的东西。每个人学习的方法都是不同的，这是需要在不断的学习中进行摸索的。因此，作为父母，一定要引导孩子运用科学的方法进行学习，千万不要走进死记硬背的漩涡中，否则只会加重孩子的负担，而看不到一丁点儿效果。

如果说小学低年级的时候，孩子还能依靠单纯的记忆蒙混过关、考得好成绩，可是随着年纪的逐渐增长，随着科目的逐渐增多，随着知识点的深入，仅将知识点记住，是无法灵活运用的。因此，正确的学习方法应该是：理解知识点，用活知识点。怎样才能理解知识点，用活知识点呢？

1. **让孩子明白理解的重要性**。要指导孩子掌握科学的学习方法，首先就应该告诉他们正确、高效的学习方法对学习的重要意义。高效的学习方法就像一把锋利的斧子，能帮助孩子在相同的时间内学到更多的知识。如果没有

掌握正确的学习方法,即使有满腔的学习热情、十足的主动学习精神,也会蛮学苦学,陷入题海战术,无法取得好成绩。

2. **让孩子学会对知识进行分析**。很多孩子喜欢死记硬背,比如,背英语单词,死记硬背。也许当时记住了这个单词怎么拼写,但是一段时间后还是会忘记,这就是短暂的记忆。既浪费时间,又达不到效果。要想提高记忆效果,就要学会分析。在理解的前提下记忆,更容易更轻松。

3. **引导孩子学会知识的总结与整理**。记忆完学习内容后,要让孩子总结一下当天记忆的内容。不要小看这个环节,其实它有着非常重要的作用。人的大脑每天都需要记忆很多事情,也许上午才学习到的知识,下午就会模糊、忘记。不及时抓起来,可能就会彻底忘记。最好的方法就是,晚上找个时间,回忆一下今天所学的内容,总结并整理到一个本子上,把思路捋顺,巩固白天的记忆内容。

方法6：会听课，才能提高听课效果

听课是获取知识、发展智能的主要途径，也是培养良好的学习习惯、掌握正确的学习方法的重要桥梁。孩子学习质量的高低，主要取决于课堂上听课效率的高低。要想提高听课的效率，就要认真做好各种准备，就要心、眼、耳、手、脑、口、笔并用。

小凡正在上小学四年级，她的成绩让妈妈很担忧。从上一年级开始，老师就向小凡的妈妈反映：小凡上课时总是听一会儿，就开始东瞧瞧、西看看，一枝铅笔、一块橡皮都能让她玩上半节课。

开始时，妈妈以为孩子刚上一年级，不习惯小学课堂，就经常教育小凡：上课不能做小动作，一定要老老实实地坐在位子上听老师讲课。可是，转眼都四年级了，小凡依然不知道怎么听课。

小凡上课虽然一直都在努力听，但分不清主次，目的不明确。不知道哪里是重点，哪里需要掌握；有时，老师讲到重点，同学们都开始做笔记，她还没有反应过来；老师提问，小凡也不举手、不思考，只是静静地坐在那儿……

小凡也经常对妈妈说："为什么我感觉上了一节课，除了累，就

什么也没有学到。我确实在努力听课,也尽量把老师讲的每一句话都记在心理,可是一节课下来,除了累,真的不知道老师究竟讲了什么。"

不难发现,小凡的问题主要就在于,不会听课,课堂效率不高。

听课,是提高学习效率的有效方法。只有跟着老师转、积极回答老师提问,才能提高听课效率,才能完成课后作业。反之,如果课堂效率低,不仅不会回答问题,连课后作业可能也无法完成。

每节课虽然都是45分钟,但是否会利用,效果大不一样。利用得好,45分钟里可以加进5分钟、10分钟;用得不好,45分钟里就得减去5分钟、10分钟。课堂上的45分钟如何利用,大有学问。家长一定要让孩子学会听课,提高学习效率。

1. **让孩子带着问题去听课**。听课效果好不好的一个关键因素在于,是否带着问题去听课。带着问题去听课,通过老师的讲解,就能快速解决相应的疑问,当堂理解听到的知识点。家长应该指导孩子在听课之前通过预习提出一两个疑问,这样上课听讲就有了目标。在预习时,也可以先让孩子将听课的要点归纳出来,列在一个表格中;自己不懂的部分,则可以留出空格。上课的时候,重点听自己不懂的地方,听课效率也就自然提高了。

2. **优秀的孩子都会"四听"**。要想提高听课效率,就要做到"四听"。

(1)听要点。一般来说,一节课的要点就是老师们在备课中准备的讲课大纲。许多老师在讲课正式开始之前会告诉大家,一定要让孩子格外注意。

(2)听思路。思路就是思考问题的步骤,例如,老师在讲解一道数学题时,首先思考应该从什么地方下手,然后用什么方法思考,通过什么样的过程来解答。听课时,关键要让孩子弄清楚老师讲解问题的思路,不要满足于只知道答案。

(3)听问题。对于预习中不懂的内容,要让孩子上课重点把握。在听讲中，要特别注意老师和课本中是怎么解释的。如果老师在讲课中一带而过，并没有详细解答，就要让孩子及时地把它们记下来，下课再向老师请教。

（4）听方法。课堂上，老师讲解时，会告诉孩子们一些做题方法，这也是听课的重点。要告诉孩子：课堂上不仅要听老师讲课的结论，更要关注老师分析、解决问题的方法。

方法7：限定时间，在规定的时间内做作业

时间对每个人都是公平的。有的孩子能在有限的时间内，把自己的学习、生活安排得从容有序；而有的孩子虽然忙忙碌碌，却一边写作业一边玩，常常是一个小时就能完成的作业，非要无休止地延长时间，以至于自己的课余时间都在写作业中度过。如此，不仅无法提高做题效率，还无法协调好学习和休息，对学习一点好处都没有。

小杨今年上小学二年级，平时什么也不用操心，只管学习和写作业。为了让他安心学习，妈妈每天都是准备好饭菜才叫他，平时吃什么、喝什么准备得一应俱全，就连刷牙的牙膏也给他挤好。上学前妈妈会帮他把书包、用具全准备好，由爸爸背着送他上学。可是，小杨写作业慢慢腾腾，有人陪着还好点，如果爸妈都忙，作业就会写得一团糟。更令父母头疼的是，有时小杨就根本不知道老师都布置了什么作业。他的作业经常不按顺序做，不写题号，家长和老师根本弄不清他写的是哪道题，所以有些题经常会做错或漏做。

小杨还很贪玩，不仅在上下学的路上玩，就连在写作业时也玩。暑假的第一天，表妹来到小杨家里，表妹还带来了暑假作业，因为她打算在这里多住几天。每天白天,两个孩子都要一起玩,晚上则是他们写作业的时间。

这天晚饭后,表妹就认真地写起作业来。小杨看到表妹的样子,也跟了过来,可是他却无心写作业,一边写作业,一边摆弄自己的变形金刚。一个小时过去,表妹已经把当天的作业写完了,小杨一道数学题还没做完。

妈妈看到这一切,觉得这是一个教育小杨的好机会,就说:"你看表妹,刚才写作业时多么认真,这么短的时间就将作业写完了,现在她可以去做自己喜欢的事情了,你呢?如果你还继续这样,今天估计要写到很晚,不要说玩了,还会耽误你睡觉……"

孩子写作业拖拖拉拉,总是一边玩一边写,明明一个小时就能完成的作业,非要写上两三个小时,这种习惯一点都不好。

爱玩是孩子的天性,如果没有约束,孩子肯定是希望先去玩。所以,家长要给孩子设定一定的作业时间,让孩子在规定的时间里做作业。

有了时间的约束,孩子就会争取在规定的时间里写完作业。而且,如果家长能够答应孩子说:在规定的时间做完作业就可以……。孩子写作业的积极性就会被调动起来,提高做题速度。那么,如何才能做到这一点呢?父母可以从以下两方面入手:

1. **告诉孩子:完成作业后时间自由支配**。家长可以以孩子喜欢的活动为驱动点,比如:孩子愿意听故事或者玩什么游戏,就可以跟孩子约定一个时间完成作业,比如 30 分钟。如果孩子按时完成,可以允许他玩 20 分钟游戏,或者给他讲个故事,这样孩子会比较有动力。当然,这个时间要定得合理些,比如,孩子平时做 30 分钟可以完成的,可以规定孩子在 20 分钟之内完成,节约下来的时间可以自己支配,孩子也就有了快速完成作业的动力。

2. **把时间切成小块,明确每段时间的任务**。包括周六日,将孩子放学回

家后的时间分成几段，比如：做作业的时间、吃饭的时间、运动的时间、洗澡的时间和睡觉的时间。做作业的时间可以进一步细分小块，做语文的、做数学的、做物理的……要求孩子在每块时间里必须完成相应的作业。刚开始时，若出现了没有完成的情况，就要让孩子继续完成。

第七章

记忆——记忆力不好,人生就会一塌糊涂

技巧1：了解孩子的记忆特点，帮助孩子提高记忆效果

伟大的发明家爱因斯坦曾说："天才等于百分之一的灵感加上百分之九十九的汗水。"这句话告诉我们，后天的努力有多么重要。几乎所有的能力都可以通过后天的训练与培养而得到，记忆力也是如此。孩子的记忆力固然存在个体差异，但是最重要的还是后天的培养与练习。了解孩子的记忆特点，对提高孩子的记忆效果非常有帮助。

小雅的记忆力在同龄人中是差的。老师上节课教的知识，下节课上提问，她就想不起来。在家里，自己放的东西，也会忘记位置。妈妈教她如何看钟表，说了许多遍，她也一直没有记住。

为了弥补自己的不足，小雅学习特别刻苦，每天除了吃饭和睡觉，剩下的时间都沉浸在学习中，不放过任何读书的时间，包括吃饭、上厕所等，有时候做梦也是在背英语单词。课堂上，她注意力高度集中，课堂笔记都比其他同学多好几页，课间休息也很少出去，不擅于与同学交流。小雅在整个年级很出名，私底下同学们给她起了很多外号："学习机器""书呆子""四眼"。

  按道理，小雅学习这么刻苦，学习成绩应该名列前茅，但是她的成绩在班里一直是中等水平，没有提升。随着年级的提升，需要掌握的知识越来越多，小雅的记忆效果大大减退，同学们15分钟可以背会的诗文，她需要30分钟。

  记忆力是孩子智力发展的基础能力之一，是孩子的大脑对于之前看到或经历过的事物进行储存及再现的能力。对于处在学习阶段的孩子来讲，记忆力的好坏直接决定着成绩的优劣。

  孩子生活、学习中的很多行为都离不开记忆，记忆是智力活动的仓库。所以，在孩子智力发育最重要的幼儿时期，父母应该关注孩子记忆力的发展。想要引导孩子提高记忆力，就要先了解孩子的记忆特点。

  孩子的记忆力不是天生的，记忆力差也不是因为天资愚钝。孩子记忆力的好坏，不仅与父母对他们记忆力开发的程度有关，还跟孩子的记忆条件与记忆方法有关。父母千万不要抱怨孩子记忆力差，要积极了解孩子的记忆特点，有针对性地进行培养。

  1. **利用形象记忆发展孩子对词的记忆**。一般来说，孩子都擅长具体的形象记忆，所以要想提高记忆效果，就要将这个特点充分利用起来。对低年级孩子来说，可以用看图识字的方法，用连环画、电视、电影、幻灯等，加强他们对教材的理解和记忆。在教孩子识字记词时，可以根据他们的的心理特点，把抽象的事物形象化。

  2. **充分利用无意识记，提高有意识记**。记忆过程是从识记开始的。识记分为无意识记和有意识记。所谓无意识记就是事先没有确定目的，不需要任何努力就自然记住了；有意识记是事前要有明确的目的，在识记的进程中需要一定的努力。因此，如果想提高记忆力，就要让孩子充分利用有意识记，逐渐提高无意识记。

  3. **把左脑记忆与右脑记忆结合起来**。人的左脑具有语言功能，擅长逻辑

推理，主要用来储存人们获取的信息，知识。大量的、反复的、不需要理解材料意义的记忆方法，就是左脑记忆法，这种方法比较机械，对低年级儿童有着积极的意义。

右脑掌管着运动方面的能力，是空间立体的、律动的、快速的，以理解为基础的方法叫作右脑记忆法。家长可以通过实物、模型及图表等，为孩子提供种类丰富的感性知识，通过分析、比较、分类、抽象、概括等方法将内容讲透，让孩子在理解的基础上进行记忆。事实证明，孩子对理解的知识点比不理解的知识点要记得更牢，效果也更好。

总之，要想提高孩子的记忆力，就要将左右脑充分利用起来，无一缺漏。

技巧2：供养不足影响大，为大脑提供足够的营养

人是靠营养来维持生命的，营养是生命的源泉，也是健康的根本，食物是获取营养的基础。对于正在快速成长的孩子们来讲，饮食是他们成长过程中十分重要的环节。所以，想要提高记忆效果，就要科学地安排饮食，养成一个良好的饮食习惯。

> 凡凡是一名高三的学生，学习任务繁重，每天四点起床，读英语、背古文、看定义，学校有永远做不完的题、答不完的卷，晚上回到家还要继续学习，作业一写就到深夜12点，很多次甚至连饭都不上吃。
>
> 最近凡凡发现自己背东西没有以前快了，前一天背过的定义概念，第二天基本上都忘的差不多了。凡凡着急，父母也跟着着急上火。

人的大脑中有成千上万个神经细胞不停地工作着，每个细胞的运作都需要能量和营养。研究发现，饮食不仅是维持生命的必需品，还在大脑的运转

中起着非常重要的作用。有些食物对增进人的智力有帮助,可以让思维变得非常敏捷,精力也更加集中,甚至可以激发记忆力。要为大脑补充营养,就要从均衡饮食开始。

1. 血糖是大脑的直接能量来源,只有保证大脑的血糖供应,才能保证大脑的活跃度。所以,要给孩子每天吃足够的主食。

2. 要摄入充足的蛋白质,含有蛋白质的食物包括肉、奶、蛋、大豆以及豆制品。

3. 适量的脂肪,可以帮助大脑提高记忆力,让孩子多吃一些多脂的鱼类或坚果类,比如三文鱼、核桃、开心果等。最后,还需要保证摄入充足、新鲜的果蔬补充维生素与矿物质。

当然,除了上面内容,有些问题也是需要注意的,比如:

(1) 保证睡眠。大脑需要通过睡眠来得到休息,睡眠其实属于一种营养,大脑只有得到充分的休息,才能够更加有效的工作。睡前听几首轻柔的音乐,把房间的光线调得暗一些,把床铺得舒适一些,睡前不吃辛辣刺激的食物,也不要吃得太饱。

(2) 不用脑过度。不要让孩子用脑过度,大脑越疲劳,大脑的敏感度就会越低,工作效率也就会逐渐降低。家长要提醒孩子,复习了一段时间之后,出去散散步、听听音乐、做做操、做做手工,"换换脑子",让大脑得到充分的休息。

技巧3：若要提高记忆效果，就要激发孩子的记忆兴趣

兴趣是一个人求知的起点，要想提高记忆效果，就要充分利用兴趣这个驱动力。有了这个驱动力，就能够产生强烈的记忆欲望；反之，缺乏记忆兴趣，就会缺乏记忆的积极性以及主动性，效果必然不会好。所以，只有具有强烈的记忆兴趣，才能够主动记忆，持久记忆，记忆才能变得更轻松，成绩才会提高。

案例1：

卫琴今年五岁，平时最大的爱好就是和姥姥一起看电视，只要是她看过的电视剧，再次看到它就能够讲出来什时候看过，而且还可以说出几个她能理解的情景。对于喜欢看的动画片，她也可以在重播时讲出下个情节应该演什么。而当妈妈对她说："你给我们讲讲里面的故事吧。"她却回答："那么长的故事，我怎么能够记得住！"一首节奏明快的成人歌曲，卫琴听过三四遍后，基本上就可以唱出来了，虽然歌词不能完全掌握，但音调基本差不多。

案例2：

沈朗今年十岁，非常聪明，但却十分调皮。已经上了三年级，但对学习一点兴趣都没有，只对玩感兴趣，一天到晚就想着出去玩。爸爸、妈妈鼓励他好好学习，努力记忆，可是沈朗就是做不到，每次看书时他就心不在焉。上课学的生字，回到家就忘得一干二净。

沈朗这样的原因并不全是因为记忆力差。在玩游戏时，他表现出来的记忆力却非常惊人。有时，游戏里一两个月之前发生的事情，他都能准确、完整地叙述出来，甚至精确到具体的时间点。可是对于学习则是完全相反，前一秒学的东西，后一秒钟就一点都想不起来。

之所以有如此大的区别，其实就因为两个字：兴趣。正常情况下，只要是能够引起兴趣的事物，人们都能集中注意力。哲学家尼采也曾经说过："不愉快的事是潜在着遗忘倾向的。"因此，如果想要让记忆变得更加轻松高效、省时省力，就要调动起孩子的记忆兴趣。

记忆感兴趣的事物时，孩子常常会忘记时间，时间长了，也不会感觉疲劳与困倦。与之相反，对于不感兴趣的事物，孩子就没有心思去记，更谈不上记牢了。

对所学知识没有兴趣时，脑神经就会处于迟钝状态，对输入的信息，就会态度冷淡，就像我们心烦意乱时，不愿听别人唠叨一样。所以，作为父母，要想提高孩子的记忆效果，就要不断激发孩子的记忆兴趣。

1. **增加形象记忆**。对于具体形象、生动鲜明的物体，孩子们一般都充满兴趣。在记忆的过程中，适当地运用实物、标本、图画、模型等直观道具来进行观察，就能够产生形象记忆，从而提高记忆能力。在记忆的过程中，如果对所记忆的内容不感兴趣，记忆起来就比较有难度。这时候，就要运用生活中的模型与教具让其产生直观的形象，从而提高记忆力。

2. **将信息关联起来**。结合感兴趣的事件,把之前生疏的词语等变得生动有趣起来,就能够保持长久的记忆。因此,在记忆的过程中,要让孩子将需要记忆的知识都联系起来,强化记忆效果。

3. **有趣的记忆方法**。比如,记忆比较枯燥、抽象的公式定理,是非常无趣的,而单纯靠背诵一般非常难以留下长久的印象。可以把难以记住的知识点写在一张卡片上,利用游戏,为自己营造一种轻松愉快的学习氛围,激发起记忆的热情与兴趣,提高记忆效果。

技巧4：多加思考，找到孩子最佳的记忆时间

医学家通过大量的实验证明：人的体温在一天中有三个高峰时期，早晨起床之后、八点及下午六点之后的两个小时左右。在这三个高峰时期，脑神经处于高度活跃的状态，思维敏捷，办事效率比较高；体温峰值过后，人就会感到疲惫，学习效率也就会降低。因此，如果想提高记忆效果，就要引导孩子在最佳的记忆时间内进行记忆。

韩梅马上就要升入初三了，还有一年就要面临中考，学习任务变得繁重起来。为了更好地迎接一年之后的中考，妈妈为她专门制定了严格的作息计划，规定每天早晨六点半必须起床，起床之后先背英语单词与课文。

韩梅不理解，妈妈却振振有词："早晨是记忆的最佳时光，不能白白浪费。"可是韩梅坚持了一段时间，发现效果并不好。她对妈妈说：自己的最佳记忆时间是晚上八九点左右。但是妈妈却不这样认为，因此她总是被妈妈早早叫醒，顶着一个"鸡窝头"起来学习。而当她晚上正记忆得非常好时，妈妈又会催她早点睡觉。

中国有个很普遍的现象：小到幼儿班，大到大学生，学校都会晨读。家长、同学或教师都认为：人的最佳记忆时间是早晨，因此为了让孩子多记一些单词、多背一些课文，就给他们设定了晨读。可是，所有的人都适用吗？不是！

杨洋妈不知道是从哪里听来的，给杨洋安排了一个可恶的"最佳记忆时间"，杨洋感到很愚蠢！真正的最佳记忆时间每次都用来干无关紧要的事儿了，杨洋感到无语。

上个周末的下午，杨洋正在做数学习题，妈妈却说现在是下午两点钟，正是做语文习题的好时候；晚上，杨洋正在做数学，妈妈过来告诉她，现在是学习英语的好时候……本来，杨洋已经全神贯注地投入到学习，结果被妈妈一搅和，一点学习的心思都没有了。

杨洋跟老妈说过，希望她不要这么胡乱安排。结果，妈妈还振振有词，说这样做才是科学的，他现在只是不习惯，坚持一段时间，就能提高记忆力。

数据显示，只有30%的人在早晨记忆力最佳。大约30%的人在下午时记忆力最佳，吃过午饭后才能够真正活跃过来；大约30%的人记忆力在晚上最佳，就是所谓的"夜猫子"；只有约10%的人，不管任何时候，记忆力都能集中。

如果想提高孩子的记忆效果，就要掌握孩子的"最佳用脑时间"。科学合理地安排孩子记忆，才能够事半功倍。那么，父母应该怎样做呢？

1. **了解孩子的最佳用脑时间**。所谓的"最佳用脑时间"，其实就是要明确孩子适合在什么时间段记忆、什么时间段记忆效率最好，这个时间就被人们称为"最佳用脑时间"。在"最佳用脑时间"里，一个人的记忆效率会达到顶峰，记忆效果也是最好的。

2. **确定孩子的最佳记忆时间**。要确定孩子的最佳记忆时间，方法非常简单，只要在早晨、上午、中午、下午、晚上等不同的时间段，找些难度相同、孩子不认识的单词来让孩子记忆即可。早上背诵的单词，到中午看看孩子可以记住多少；中午背诵的，晚上考考孩子记住了多少……以此类推，看看孩子在哪个时间段中记的单词最多。

3. **合理利用大脑兴奋时段**。不分时间，不讲效率地疲劳轰炸，不仅会影响孩子的身体健康，还会影响孩子的记忆效果。因此，要把一天中比较重要的记忆任务安排在大脑兴奋的时段完成，从而达到高效利用时间的目的。长时间坚持下去，孩子就能养成高效利用时间的好习惯。

学习激励篇

技巧5：使用正确的记忆方法，效果才会更好

佐治·乌希林是世界著名记忆大师，他的记忆力震惊了世人。1989年他成功挑战了吉尼斯记忆的世界纪录。他尝试记忆30副纸牌，共1560张牌的次序，花掉20个小时。之后他用2小时43分钟的时间，准确地指出了每张牌的点数，结果只弄错两张。在谈到记忆时，他这样说，记忆是有方法、有窍门可循的。由此可知，想提高记忆效果，就要掌握正确的方法。

朱静今年上三年级，平时有点懒，除了完成家庭作业，其他时间都懒得动笔。朱静上了三年级后，学校开设了英语课，单词成了朱静的致命伤，总是记不住单词的拼写，每天都需要花费大量的时间背诵单词。一天晚上，朱静在书房不断地背诵"m-o-r-n-i-n-g, morning!"妈妈走过来，问："你这样背总是记不住，为什么不动笔在纸上划拉一下。""太麻烦了，动笔太麻烦了，耽误时间，有动笔的时间，我可以多背诵好几个单词呢。""好记性不如烂笔头，你试试一边读一边写，这样能够加深你的记忆。"朱静觉得妈妈的话有道理，就抱着试试看的态度，坚持了一段时间，才发现的确有很大的进步。

一切知识，不过记忆。记忆是掌握知识点的基础，学习任何一科知识，都必须走过记忆大门，而学习的最大障碍就是记忆力差。记忆力好的人可以迅速地、准确地、持久地掌握学习过的知识与技能。同时，也能更好地理解、运用所学知识解决生活中存在的问题，做到学以致用。

秦奋今年刚上六年级，为了把他培养成才，父母没少费心。在孩子出生之后，他们就给秦奋规划了一条精英路线，如今已经在这条道路上奋战了九年。从孩子上幼儿园开始，他们就带着秦奋报了无数的辅导班。如今秦奋已经六年级了，为了上重点初中，更是卯足了劲儿学习。可是最近父母发现了一个现象：孩子学习非常辛苦，每天都学到十点，但是记忆效果不好。马上就要升初中了，秦奋压力非常大。

在现实中，记忆是学习的一大难题。许多孩子学习知识都是死记硬背，记了忘，忘了记。长期下来，便失去了对学习的信心和乐趣，成绩自然也就上不去。但是，记忆力差的人也不要沮丧，因为记忆是有方法、有窍门的。所以，作为孩子的家长，一定要帮助孩子用正确的记忆方法高效地记忆，提高孩子的学习成绩。

记忆方法有很多种，下面就为大家介绍几种最常见也是最有效的方法：

1. **将多感官都参与进来**。记忆知识时，仅用一种感觉器官，所达到的记忆效率不如多种感觉器官一起作用的效率高。例如，记忆英语单词，不仅要看字形还要听读音，手里写着，口里念着，使多种感觉器官一同参与认知，这样就能使英语单词在大脑中形成较多的神经联系。所以，要想提高记忆效果，就要做到脑思、眼看、耳听、手写、口述等多器官一同感知，实现多元化的信息向大脑中渗透。例如，背唐诗，让孩子边听边说、边看着图，还可以用手指一指。

2. **形象加工，帮助记忆**。孩子记忆的对象多为书本上的抽象知识。心理学揭示了这样一条规律：活动的对象容易引起人的注意。有些学生为了取得一个好成绩，就侧重背诵，觉得只要记忆力强就可以取得好成绩。不言而喻，记忆力强，是取得好成绩的条件之一，但是单纯的背诵并不是记忆能力提高的途径，要把各知识"灵活化"，使内容变成生动、鲜明、具体、活泼的"动画片"，让被记忆的对象从静止变为运动，提高知觉及观察力，记忆也就会随之变得更加牢固。

3. **将资料进行归类来记忆**。当记忆材料比较多时，要引导孩子把材料进行分类与概括，帮助孩子在理解记忆内容的过程中进行逻辑记忆，使记忆变得更加深刻、思维变得更加条理。例如，给孩子几张物体图片，让他观察几分钟，之后拿走这张图片，让孩子说出图片里的内容。孩子大多可以说得比较准确，记忆清楚。如果图片比较多，有些孩子会逐渐发现图片内容之间的关系，对它们进行简单的比较、分类，概括之后再进行记忆。例如，把图片内容划为几部分，如家具、交通工具、植物等，再记忆不同类别中的具体事物。

技巧6：减少干扰，为孩子创造良好的记忆环境

记忆是一件非常复杂的事情，除了需要注意方法与饮食外，还应该配合良好的环境。可以说，良好的环境能够更有效地帮助孩子提高记忆效果。没有好的环境一切都无从谈起。所以，如果想要提高记忆能力，就必须为孩子打造一个好的记忆环境。

男孩写作业时，妈妈在一旁嗑着瓜子看电视。电视的声音开得很大，妈妈不时会被电视里的笑料逗得哈哈大笑；爸爸则坐在沙发的另一边抱着手机玩游戏。

男孩坐在客厅角落的书桌上写作业，一边写，一边回头看几眼电视，偶尔看看爸爸的游戏。爸爸回头看到儿子的小举动，生气地说："作业写完了吗？赶快写你的作业，一会儿我要检查，就几道数学题，这都写了一个小时了，还没有写完。"其实，爸爸不知道的是，男孩表面上在写作业，心思却根本没在书本上，眼睛一直瞄着电视，耳朵听着游戏。儿子极不情愿地说："你们看电视的看电视、玩游戏的玩游戏，凭什么就让我一个人学习！再说了，电视的声音、嗑瓜子的声音、游戏的声音这么大,我怎么集中注意力!"

很多家庭都是这个样子:爸爸催着快点写作业,妈妈监督每天练两个小时的琴;父母觉得学校的教育力度还不够,从书店买回来一大堆书,堆在孩子的书桌上……在这样的大环境下,学习与生活变成了一件苦差事,记忆也像一座大山压得孩子喘不过气。

在这样的环境下,孩子对学习的兴趣变得越来越小,记忆力也变得越来越差。相反,如果能够给孩子营造一个良好的、轻松的记忆氛围,对于孩子的记忆力将有非常大的帮助。

虽然徐三父母都是普通的工薪阶层,但是十分重视孩子的教育问题。为了让徐三有个良好的学习环境,他们专门把大卧室腾出来,给徐三布置成了书房,专供徐三学习使用。还花了很多钱,为徐三添置了许多学习用具。看到父母为自己准备的环境,徐三非常开心。但是好景不长,在这个宽敞的大房间里,徐三的注意力一直集中不起来,写作业的时候,总会忍不住瞟一眼宽敞明亮的新书房。

良好的环境对记忆效果的提高如此重要,那么该如何为孩子减少干扰呢?

1. **大人心境良好,为孩子创造记忆氛围**。一个家的家庭气氛如何通常都是由家长的心境来决定的。心境有积极与消极两种,积极的心境可以让一个人充满朝气、思维清晰、求知欲旺盛,能提高学习效率;消极的心境使人变得消沉,处于一种被动的不愉快状态,影响记忆效果。大人心境的好坏直接影响着孩子的情绪,如果大人在家总是沉着一张脸,挑三拣四,喋喋不休,只会让家庭关系变得非常紧张。如果大人面带微笑,总是一副轻松愉快的样子,眼里充满了期待与信任,家里一定会时刻充满了温暖。为了让孩子有一个愉快的学习空间及记忆氛围,家长就要及时调整自己的心境。

2. **把家收拾有序,为孩子的大脑记忆助阵**。井然有序的摆设可以帮助大脑记忆。大脑就像是一个仓库,记忆的信息是仓库中的货物,只有存放货物

时分类贴上标签,条理分明地摆放好这些货物,等到用时才能够信手拈来。很难想象,家里今天找不到遥控器,明天找不到擦鞋刷,每天活在东翻西找、零乱不堪的环境里的孩子能够有好的记忆力。

3. **孩子记忆时,减少对孩子造成的干扰**。为了避免记忆时分心,要设立一个可以使孩子记忆不受干扰的记忆场所。例如,独立的房间。在房间的布置上,要以舒适、简洁为主,不要摆放过多的物品。房间的色调要以明亮以及淡雅为主,还可以征求一下孩子的喜好,有些欢快的元素,但是不要贴、挂太多杂乱的东西,以免分散孩子的注意力。将有关学习的格言或座右铭张贴在醒目的位置,以便时刻激励孩子好好学习。

技巧7：记忆力效果的提升从注意力培养开始

孩子的记忆力差、学习成绩差，很多时候并不是因为智力，而是注意力不集中造成的。只有集中注意力，才能获得令人满意的记忆效果；在记忆时分散注意力，即使是花费很长时间，也不会有明显的记忆效果。

案例1：

小玉是一名小学三年级的学生，冰雪聪明，三岁就能背下来好几首古诗，但是就是注意力不够集中。爸爸妈妈文化程度不高，辛苦工作了十几年还只是小员工，便把全部希望都寄托在了女儿身上。在前两年，因为学业比较简单，小玉虽然在课堂上偶尔注意力不集中，也可以顺利地完成作业，成绩也是保持前十名。

但是自从上了三年级后，学习任务逐渐加大，再加上小玉上的是重点小学，课程安排得非常紧，小玉的成绩下滑得厉害，上课总是走神，听课时也表现得没精神，下午上课时经常打瞌睡，被老师点名批评了很多次。妈妈都不敢相信，这是自己的女儿。

案例2：

　　李超是一个活泼的男孩子，天性随意，想象力丰富，不喜欢受人约束。这些习惯在他画画时为他提供了良好的营养，但是在其他科目上，却让他四处碰壁。二年级后，李超变得越来越不自信，注意力不能集中、做事拖拉。为此，父母非常困惑：为什么自己的孩子就什么都记不住呢？他们甚至怀疑李超是不是有什么天生缺陷，于是想尽各种办法，为李超补脑。可是，他们不知道的是，李超之所以记忆力差，其实是因为他的注意力不集中。

　　如果想要拥有良好的记忆力，一定要有注意力的参与。注意力是记忆力的基础，特别是在中小学生的记忆过程中。注意力是一个人的心理活动对外界事物的指向与集中，只有注意到一定的事物，才能进一步观察、记忆与思考等。

　　我们关注一个事物时，不论是特定的物品、事件或个体，即使没有全神贯注地观察，大脑也会有记忆的形成。一般情况下，当我们倾向于对某些事物更专注、更持久地注意时，记忆便会产生。

　　集中注意力，记忆效果就会好一些；反之，记忆效果也会差很多。那么，应该怎样训练孩子的注意力呢？

　　1. **排除干扰，营造一个适合环境**。外界环境对孩子的注意力有着非常明显的影响，如果孩子正在记忆英语单词，突然被其他声音或事物打扰，就容易分散注意力。因此最好消除干扰，同时家长也要以身作则，给孩子提供一个比较安静的环境来记忆。整齐的环境能够帮助孩子集中注意力，例如把书桌、书架整理干净，玩具收好；房间最好不要有电视、电话、游戏机；学习文具要准备齐全，不要关键时刻找不到，等等。

　　此外，父母也不要变成"干扰源"，比如：在门外大声说话、走动或电视播放声音太大，或一直探头探脑地关心孩子学习的进度等。

2. **引导孩子一次只记一个项目**。人的注意力资源非常有限，分配在性质不同的事情上，会严重消耗注意力的有效性，特别是孩子的注意力正在发展的过程中，同时记忆多项内容，会损害注意力的有效集中。因此，哪怕孩子只记一个单词，也必须关掉电视；孩子记忆的时候，千万不要放音乐。

3. **与孩子一起玩注意力游戏**。游戏能够引起孩子极大的兴趣，能让孩子的注意力在一定时间内保持高度集中。因此，要合理利用游戏来培养孩子的注意力。在日常生活中，要尽量为孩子提供游戏条件，鼓励孩子玩各种各样的游戏。比如，可以布置一些简单而明确的记忆任务来让孩子完成，可以有计划地向孩子提供游戏材料，让孩子玩耍。既要鼓励孩子独立游戏，也要鼓励孩子与同伴一起游戏，在孩子坚持独立完成某种记忆时，必须要有耐心，孩子在这个过程中会学到很多东西。

第八章

激励——做好自我激励,才能成就自己

要点1：告诉孩子，坚定梦想，才能不断向前

人之所以富有，是因为有梦想，梦想是一个人奋斗的动力与源泉。即使孩子什么都没有，只要有梦想，就有成功的希望；没有梦想的孩子，只会浑浑噩噩地过日子。作为家长，不仅要让孩子有梦想，还要引导孩子坚定自己的梦想，一直往前走。

仲夏从小就喜欢向妈妈提出各种稀奇古怪的问题。这两年，仲夏逐渐长大了，识字了，可以自己看书了，手不释卷地读了许多科普的书籍。所以，仲夏小小年纪就上知天文，下知地理了，小脑袋瓜里装的科学知识有时候让妈妈都感到望尘莫及。

读书让仲夏插上了梦想的翅膀，仲夏常常对妈妈说："我的梦想是开着宇宙飞船翱翔太空，登上月球、火星。"他也曾经在获奖作文里狂妄地说："如果我成为一名科学家……"然而，孩子们都喜欢玩，仲夏有段时间因为贪玩疏忽了学习。那时候，妈妈对他说："你忘记自己的梦想了吗？"仲夏受到妈妈的提醒，就冲劲儿十足地继续学习，为自己的梦想不断努力。

每个人都是独立的个体，每个人的梦想也不尽相同，没有必要要求一致。有教无类，每个孩子的梦想都应该被尊重。

孩子希望长大后成为一名伟大的科学家或艺术家，这是一个人有志气的表现。孩子既然有志气，家长就要多鼓励，帮助孩子学习，教导他们做人。

生日那天，小微请了很多朋友，大家玩得非常开心。当她许愿吹蜡烛后，小伙伴们问她："你许了什么愿望啊？"小微神秘一笑，说道："我希望我的梦想可以实现。"

"梦想，"大家一听到这个词，就都好奇地凑过来，"你的梦想是什么？"小微说道："我的梦想是，长大之后成为一名出色的服装设计师。我想设计许多漂亮的衣服，还要开一间属于自己的服装店。"

母亲听到小微的回答，面露不悦，说："服装设计师在我们那个年代就是裁缝，没出息。你现在的梦想应该是努力学习，天天向上，将来考个好大学，找个好工作。"听到自己的梦想被妈妈否定，小微心情低落，丧失了信心。从那之后，画画再也打不起精神，就连最喜欢的美术课也都不喜欢了。

有的孩子的梦想非常平凡，比如：做个教师，或做个公交司机，这也非常不错。我们要对孩子说："无论什么领域，只要努力了，都能够做得非常优秀，做到出类拔萃，在完成自己心愿的同时，也为他人做出贡献。"

当然，每个梦想确立后，孩子都会去为之奋斗，甚至是长期的坚持，不懈的努力，直到这个梦想实现。所以，作为父母，不仅要帮孩子树立远大的梦想，还要鼓励孩子坚定自己的梦想，不断地向前。那么，如何做到这一点呢？

1. **帮助孩子树立梦想**。很多家长教育孩子的时候，采用的是"饭碗教

育"。这种教育方式虽然是家长比较常用的,但却是效果最差的。因此,家长在对孩子进行教育时,应该尽最大的可能摒弃类似"饭碗危机"形式的教育,从一开始就对孩子进行"梦想教育"。

实践证明:不论是孩子还是成年人,只有在为自己的兴趣及梦想学习与劳动时,才能以苦为乐,乐此不疲。但是,梦想是什么?梦想其实是一粒种子,什么样的种子会结出什么样的果,什么样的梦想成就什么样的人生,道理如此简单。每个孩子都是一粒种子,每个孩子也都不尽相同,有的孩子喜欢当医生,有的孩子喜欢当作家,有的孩子喜欢当科学家……家长要帮助孩子了解自己,发现自己的梦想。

2. 让孩子抱定梦想,不放弃。通往梦想的路从来都不是一帆风顺的,一定会遇到许多挫折与磨难,孩子年龄比较小,遇到自己觉得过不去的坎儿,选择放弃也是常见的现象。这时,如果想让孩子坚定地继续走下去,就必须鼓励他们坚持、不放弃,因为坚持就是胜利,这是经过时间检验的真理。古往今来,成大事的人,大多都是在失意时能够不忘初心、坚持不懈,才能够最终迎来成功,因此一定要多鼓励孩子坚持下去。

3. 树立小目标,一步步实现。有些孩子的理想非常远大,不可能一次性实现。这时候,作为孩子的父母,就要帮助他们将理想拆分为实际可行的小目标,设计一套合理有效的计划,而后脚踏实地,一步一个脚印地沿着自己的计划,朝着自己梦想的方向不断前进。大目标的实现是众多小目标的积累,当小目标一个个实现的时候,大目标也就实现了。

学习激励篇

要点2：告诉孩子：胜不骄、败不馁

在孩子成长的过程中，会遇到很多挫折和困难。挫折并不可怕，可怕的是被挫折打败。作为父母，我们要告诉孩子：胜不骄、败不馁，要牢记自己的理想，百胜而志不骄，百败而志不折；既不要陷入成功的陷阱裹足不前，也不要沉迷于失败的伤痛气馁不已，要懂得调整自己的心态，让自己一直保持学习的动力。

赵冰是一个非常聪明的孩子，学习认真，成绩名列前茅，而且文笔不错，同学都十分钦佩她，老师也常常夸奖她。在这种众星捧月的环境中，赵冰逐渐骄傲起来，优越感增强，总是瞧不起别人。慢慢地，同学们都不愿意和她玩了，孤立她、冷落她、抗拒她，赵冰很苦恼，也很孤独。

妈妈知道这个情况后，给赵冰讲了许多因为骄傲自满而荒废了才华的故事。赵冰听了深受启发，之后开始克制自己，慢慢改掉了自己的坏习惯，学会了谦虚，开始对人有礼貌，不仅恢复了与同学往日的友情，学习也是更上一层楼。

生活中，许多家长都会遇到这样的现象：有的孩子异常骄傲，取得一丁点儿的成绩，就翘尾巴，沾沾自喜，不把其他人放在眼中；有的孩子输不起，只要经历一点失败，就乱发脾气。甚至认为自己永远也做不好……这些都是不健康的状态。

蜜蜜尽管只有六岁，但却十分要强，平时最受不了挫折，只要失败了，就会满脸的不高兴，甚至会偷偷地哭泣。例如，她最喜欢画画，可是只要有一次没画好，她就能不开心一整天，一边掉眼泪一边说："我就知道我没有画画天赋，我怎么都画不好。"

一天晚上，爸爸与妈妈玩跳棋，蜜蜜在旁边观战。蜜蜜越看越兴奋，也想试试，于是央求爸爸："爸爸，你陪我玩一次吧。"爸爸提出一个条件，那就是输了不准哭鼻子，否则就不陪她玩。蜜蜜答应了。

第一局，爸爸没有刻意地让她。蜜蜜小心翼翼地下棋，没几步就被爸爸杀得片甲不留。蜜蜜看到自己的惨状，知道自己输了，眼泪很快就流出来。她想哭，但想起答应爸爸的话，生生地将眼泪憋回去了。于是，父女两人接着玩。就这样，蜜蜜渐渐觉得输了也没什么大不了的，反而需要多加努力。几局下来，蜜蜜尽管还是惨败，但已经有了很大的进步，父母也十分高兴。

"胜败乃兵家常事"，孩子在成长的道路上，取得胜利固然可喜可贺，但失败也在所难免。我们不仅需要关心孩子的学习成绩，还应该关心他们的心理成长；要帮他们提高成绩，更要帮助他们接受一次次的失败。最重要的是，还要帮助孩子用一种成熟的心态来面对得失与荣辱，让他们在生活的考场上做到胜不骄、败不馁。

为了做到这一点，家长应从以下几个方面入手：

1. **家长要有正确的观念**。考试只是一种测试与检验的手段,只能有限地反映出孩子成长和学习的部分情况,不要因为个人的面子而过度地看重它。一定要杜绝这种现象:孩子考试或表现得好,孩子就喜笑颜开,家长也不亦乐乎;孩子垂头丧气,家长则冷眼相对。家长要提高自身的认识水平,客观地看待考试结果。孩子现阶段的成绩不等于他未来事业的成就,而暂时的考场失利也不等于孩子失败,在一生的成长经历中,失败与成功同样重要。唯有经过了人生的高峰与低谷,才能变得成熟与稳重。

2. **不骄傲、不气馁**。比赛或游戏结果并不重要,重要的是分享的过程,家长要引导孩子用积极的心态对待输赢。要告诉孩子:输了,不要垂头丧气,下次还有赢的机会。还要引导孩子搞清楚失败的原因,以便改进。赢了之后,也要教导孩子不要骄傲,这只是对之前努力的肯定,并不代表一直赢。此外,还要引导孩子多参加社会或团队活动,培养孩子的协作精神,让孩子学会与他人合作。

3. **让孩子学会正确归因**。对待考试结果,家长要帮助孩子寻找真正的原因,建立一种坚定的因果观念。只要方法采纳得当,认真努力过,就值得对自己肯定,就会有回报。即使结果不如人意,即使短期之内的成果并不明显,也没有关系,功夫不负有心人,坚持下去一定可以成功。要鼓励孩子,不气馁、不失望,只要全面深入地分析自身现状,有针对性地改进与提高,付出一定会有收获,只是时间早晚而已。

要点3：告诉孩子，做事需要恒心，不可一曝十寒

很多孩子做事三分钟热度，兴趣非常广泛，但没一个能坚持下去。如何让孩子避免三分钟热度呢？不仅需要父母的正确引导与鼓励，还需要锻炼孩子的意志力。

天天今年已经八岁了，但是玩什么都是三分钟热度，学什么也坚持不下来。去年吵着要学游泳，买了泳衣泳帽游泳圈，游了两次，第三次呛了一口水，就不愿意下水了。今年看到别人玩直排轮的溜冰鞋，也是吵着买，结果买了之后，摔了一跤，就再也没穿过溜冰鞋。

玩没有恒心，学习就更加没有恒心了。从幼儿园大班开始，父母就带天天学钢琴。结果，没过两个月，天天就哭喊着乐理入门太枯燥而不肯去了。后来，天天看到班里的孩子学跆拳道，觉得跆拳道有意思，就央求爸爸去给她报名。爸爸让她保证"这次一定会坚持"，天天毫不犹豫地立下保证，但是没过多久，她又犯了老毛病，不肯去学了。

可以说，在这几年中，天天陆陆续续学习了很多技能，但是没有一个坚持下来的。

学习的时候我们都会有这样的体会：在学一项技能时，入门之后进步会很快；当达到一定的水平后，想要前进一步，却非常困难。没有毅力，就坚持不下去，更别说发展了。这里的坚持其实就是一种恒心，恒心对孩子的成长与发展都十分重要。

莉莉四岁，可是做事情总是只有一股劲儿，不到三分钟就放弃了。对于自己非常喜欢的东西也是如此，不论最开始表现得多么喜欢，最后都会喜新厌旧。

一次，妈妈给莉莉买回来一套积木，莉莉高兴得手舞足蹈，满腔热情地把积木铺在茶几上玩了起来。刚开始的两天，莉莉热情非常高，但是很快就对搭积木失去了兴趣。之后，妈妈隔三差五给莉莉买回很多玩具，每次新玩具买回来，她都是特别喜欢，但是热情来得快去得也快，很快就对新玩具失去兴趣。玩玩具是这样，做别的事情，也是如此，没有恒心。

家长经常会面临这样的烦恼：孩子让家长买画笔，但是画了没几天，孩子又想学古筝；买了古筝没几天，又想学钢琴；今天觉得地理很有意思，研究起地图，明天又觉得语文课很好，迷上了读书……这种情况，就是我们经常说的"三分钟热度"。

"三分钟热度"情况在孩子成长的各个阶段都十分常见。孩子心理发展还不成熟，兴趣也很容易产生变化，什么都想要学习、尝试，但转移又很快，无法专心于某一事物、某一领域……因此，家长要帮孩子克服意志的不坚定，通过科学的方法来培养孩子做事的恒心。

1. **为孩子提供一个专心致志的环境**。孩子年龄小,做事时很容易受到其他事物的影响,如果想培养孩子做事的恒心,就要为他提供一个可以专心致志的环境。合适的环境会让孩子少分一些心,对不专心的孩子有好处。例如,在孩子学习时,可以帮他拉上窗帘,将书桌整理干净等,适当帮助孩子抵抗外界的干扰,有利于孩子专注地完成一件事。

2. **帮助孩子制定可行的计划与目标**。所谓具体的目标指的是,应该做什么,如何去做,要达到什么要求,都必须一清二楚。所谓可行的目标指的是:确定的目标要和孩子的年龄、经验、能力水平相适应,是孩子经过努力之后可以实现的。这个目标需要确定得恰到好处,不能定得太低,也不能定得太高。太低,孩子学不到新东西,没有学习兴趣;太高,孩子一直实现不了,就会打击自信心,即使有一定毅力的孩子也可能会放弃。

3. **培养孩子的恒心,需要慢慢来**。培养孩子的恒心与毅力并不是一件简单的事情,孩子年纪越小,注意力越不容易集中,做事情也就越没有耐性,所以父母要使用正确的方式方法,循序渐进,从几分钟开始,然后一点一点延长时间。同时,父母肯定与惊喜的表情都是对孩子最棒的鼓励,能够让他在之前的基础上做得更好,达到最佳效果。

要点4：告诉孩子，敢于吃苦，未来才会更甜

孙怡是甘肃人，在北京上学。今年刚刚大三，家里的生活并不宽裕，父母都在外打工，挣得不多，刚够维持家庭的开销和孙怡的费用。但是孙怡的生活却非常奢华，苹果手机、苹果笔记本电脑等电子产品配备齐全，而且孙怡每年放假回家都要打"飞的"。有好几次，父亲建议她坐火车，可以节省不少钱，但孙怡总有自己的理由："这么长时间，实在太累了，而且火车上又脏又乱，丢了东西就得不偿失了，还是坐飞机好。"

2016年暑假，孙怡打着"飞的"回到老家。假期长达六十天，父母在外面累死累活，孙怡天天宅在家里打游戏。父母建议她出去打个短工，可是孙怡总是借口"找不到"。一次，亲戚帮忙在饭店给她找了个假期工，可是做了没两天，孙怡就不愿意做了，理由非常简单："天天端盘子、打扫卫生、伺候人，真是太累了。"

《孟子》有言："天将降大任于斯人也，必先苦其心志，劳其筋骨，饿其体肤，空乏其身，行拂乱其所为也，所以动心忍性，增益其所不能。"对于孩

子来讲，磨难是最好的教科书，吃苦是最有效的教育。因此，爱孩子，就要告诉孩子：勇于吃苦，未来才能够一片光明。

李文是家里的"小皇帝"，父母老来得子，视他为珍宝。李文已经十六岁，可是他什么也不会做。在这十六年中，他从来没有做过家务，衣服袜子全是妈妈给洗，需要什么只要和妈妈说一下，妈妈就会立刻给他收拾好。

高三学习紧张，为了节约时间，李文不得不住校，只有周末才能回家。但是每个周末，他都会带回一大包脏衣服，包括外套、裤子，袜子。妈妈每次都会给他准备几套干净衣服，就连袜子也得准备十几双，保证孩子够穿。

小时候，老人总是和我们说："小亏不吃吃大亏，小苦不吃吃大苦。"老人的话我们要听，这都是他们的经验之谈。孩子在小时候吃点苦、遭点罪，是好事。然而，随着社会的发展，人们生活水平的提高，许多父母却在孩子的教育中，忽视了这一点。致使经常会出现这样的孩子：一干活就喊累，一遇到困难就后退，碰到挫折就掉眼泪，半点苦都吃不得。

放学后，放眼学校门口，孩子的书包都在谁身上？爷爷、奶奶，还是孙子、孙女？多半都是老人背书包，孩子则悠闲自得地跟在老人后面……这些现象的出现，并不是孩子能力差或智商低，而是孩子根本就吃不了苦。

作为父母，要懂得正确地爱孩子，不能溺爱。爱孩子，就要让他们吃点苦。

1. **父母要舍得让孩子吃苦**。孩子都是父母的心尖肉，一提到让孩子吃苦，有些父母就会万般不舍。一些父母一方面希望自己的孩子长大有出息、成大器，一方面却过度宠爱孩子，舍不得让孩子吃一点苦，舍不得让孩子承受生活中的磨炼。这种矛盾心理，培养出的孩子就是：孩子学习成绩很优秀，但生活能力比较差，不懂得感恩，长大了适应不了社会……现在社会上"啃老族"的出现，就充分地证明了这一点。父母一定要告诉孩子：吃苦是孩子成长必不可少的，少了对"苦味"的体验，孩子的实际感受力就会减弱，心理承受力也会弱化。而且，一定要知道，让孩子扫扫地，就苦了？让孩子洗洗衣服，就苦了？今天的你不忍让孩子受苦，明天的社会会让孩子吃更多的苦，而且味道会更苦！

2. **培养孩子独立的生活能力**。既然要让孩子品味生活的苦，就不要代替孩子来完成任务。在家里，要让孩子独立完成自己的生活起居，周末让孩子打扫自己的房间，整理自己的物品等；在学习上，要让孩子独立思考，独立完成作业；心理上，更要独立。孩子是独立的个体，只有具有独立生活的能力，才能照顾自己，才能赢得他人的尊重。如果连自己的生活都料理不了，即使成绩好又如何，即使考上名牌大学又如何？

3. **选择合适的方法教育孩子**。既然要锻炼孩子，就要将各种能够锻炼孩子的方法都告诉孩子，比如：可以让孩子参与家务劳动，可以让孩子在假期打工，可以让孩子参与野外拓展训练，可以让孩子到偏远地区短期生活等。同时，不仅要让孩子感受到身体的累，也要让孩子感受心灵的累，比如：被人误解等。只有通过问题的一个个解决，爱护自己，身心才能强大起来、成熟起来。当然，"吃苦教育"不是让孩子真正受苦，在孩子吃苦的同时，也保证孩子的安全问题。所以，父母在"吃苦教育"方式的选择上，需要慎重。

要点5：引导孩子做个积极向上的人

周深是一名初二的学生，总是非常悲观，一次考试没有考好，就觉得自己完了，以后会一直考不好；让他分析问题，也总是看到事情不好的一面；甚至是看完电影让他说说自己的感受，他也更关注电影的负面内容……

周深的生活环境与家庭条件都非常不错，可是他却不像其他孩子那样开朗，反而比较悲观。周深十分内向，胆小而孤僻，有事总是闷在心里，不愿意向人表露，和同学相处也不融洽。他在班上的学习成绩中等偏下，数学较好，语文常常不及格。

最近，周深总是跟妈妈说，不想上学了。他说自己学习太差，害怕老师批评、同学嘲笑，时常会因为这些而感到焦虑，情绪不稳定……

孩子拥有健全的人格及积极向上的生活态度，是每个父母最根本的愿望。父母每天传递给孩子的是正能量还是负能量，都会影响孩子将来的思维方式及处事方法。在实际生活中，越是积极向上的孩子，幸福感越强，功利心越弱，事业也更容易获得成功。

王欣是一个非常聪明的女孩，但同时也是个非常不幸的女孩。她在读幼儿园时，妈妈因为车祸去世。为了弥补孩子从小缺少母爱的创伤，一家大小整天围着她转，吃穿用度都是最好的。在幼儿园，老师也对王欣的不幸深表同情，怕刺激到孩子的脆弱的心灵，不敢正面批评，只有表扬。班级里开展活动，她想参加就让她参加，她不想参加就不参加……

如今，王欣已经小学三年级了，但是经受不起一丁点挫折，非常脆弱。她会因为老师的一句批评，而整天不开心；会因为同学的一句话，与同学翻脸；会因为家人的一句批评，大吵大闹，甚至扬言要跳楼……

孩子从小都生活在鲜花与掌声中，听惯了表扬与赞扬，很少经历挫折或失败，很少遭到家长及老师的批评，这样的孩子，只要遇到一点压力或挫折，就会患上自闭症或抑郁症。这一切都是因为这些孩子没有积极向上的心态。

积极的人生观能让孩子更容易走向成功，让孩子变得更加积极向上，能够让孩子变得心理健康。心理健康积极向上的孩子，无论走到哪里都不会胆怯；他们会一直走在正途，不会做出任何违法违纪的事情；遇到事情，也会选择妥善的处理方法，不会偏激，不会反社会。

作为父母，必须积极引导孩子，让孩子成为一个积极向上的人。

1. 培养孩子的自信心。拥有自信与心态积极向上有着紧密的关系，如果想让孩子心态更加积极，首先就要鼓励孩子对自己多一些自信。如果对自己的智力或能力感到自卑，就要将他的长处发扬光大，并审时度势地多加表扬与鼓励。来自家长与亲友的正面鼓励能帮助孩子克服自卑、树立自信。

2. 鼓励孩子多交朋友。积极的性格对孩子来说非常重要，孩子性格开朗，就会变得爱说、爱笑、爱交往、勇敢、乐观。除此外，还要鼓励孩子多

交朋友。不善交际的孩子大多性格比较抑郁,可能时时遭到孤独的煎熬,感觉不到友情的温暖。因此,如果想让孩子积极一些,就要鼓励孩子多交些朋友,尤其是同龄朋友。如果孩子性格内向、胆小,更要多交一些性格开朗乐观的朋友。

3. **引导孩子学会摆脱困境**。孩子的成长过程不可能一帆风顺,要想让孩子积极一些,就要从小培养孩子应付困境、逆境的能力。遇到难题的时候,如果孩子一时之间还无法摆脱,家长就要对他们做出正确引导,让他们学会忍耐,或科学地面对负能量。

要点6：让孩子告诉自己：我真的很不错

君君是一名小学生，学习成绩非常不错。前两天，放学回家，妈妈见她满脸不开心，就问发生了什么。君君告诉妈妈："学校组织知识竞赛，一个班级选三名学生参赛，我被老师选中了，可是不太想去。"

"这不是很好的事情吗？为什么不想去？能告诉妈妈原因吗？"妈妈问。"我就是不想去！"君君不愿意说。妈妈说："不想去就不去，我小时候也有不想参加知识竞赛的时候。怕拿不了好的名次，输了比赛太丢人。但你姥姥总是对我说：'要相信自己'。"

"然后呢？"君君问妈妈。"然后，我就参加了，并且取得了不错的成绩……我们家君君比妈妈厉害的多，要相信自己的实力，你真的很优秀，只要参加，一定会取得不错的成绩。"

听了妈妈的话，君君重重地点了点头，放下了心中负担，参加了知识竞赛，结果获得了三等奖。

古希腊哲学家苏格拉底曾说："一个人能否取得成就，取决于自尊心和自

信心两个条件。"自信心对孩子的未来有着举足轻重的作用,甚至有人说,"谁拥有了自信心,谁就成功了一半"。所以,必须要让孩子觉得:我真的很优秀。

珠珠四岁时,父母为了培养她的特长,送她去钢琴班学习。可珠珠对钢琴根本不感兴趣,由讨厌到惧怕,没过多久,就放弃了。后来,父母又给珠珠报了书法班。然而,珠珠对书法也没有什么兴趣,勉强去了几次后,不论妈妈怎么劝说,也是无济于事。

妈妈在珠珠面前常常唠叨的一句话就是:"你这个孩子怎么做什么都没有耐性呢,干啥啥不行,没什么大出息。"受到妈妈的影响,珠珠也觉得自己不行,学什么都学不好。

等到六岁入了小学,珠珠更对自己缺乏自信心了,总觉得自己脑袋笨,学不好,认真学习也没有用。现在,珠珠已是小学三年级的学生了,成绩总在七八十分徘徊。

有人说,一个人心里想成为什么样的人,就会成为什么样的人。这在心理学上叫作心里暗示。每个人心里都有一幅心理蓝图,或一幅心理自画像,想象中的你是最好的,你就会变成最好的。

美国哲学家爱默生说:"人的一生正如他一天中所想的那样,怎么想、怎么期待,就有怎样的人生。"同样,对于孩子来讲,只有相信自己是最棒的,才能真正成为最棒的孩子。

在平时生活中,父母要有意识地忽视孩子缺乏自信的表现,在孩子表现出自信时及时给予表扬和鼓励,让孩子淡化"我无能"的心理,树立起"我真的很不错"的心理。要让孩子重拾自信,就要给孩子正确的引导。

1. **给孩子锻炼的机会,不要万事包办**。爱需要把握好度,不能溺爱,若孩子养成了饭来张口、衣来伸手的习惯,对独立成长非常不利。要想培养孩子的自信心，就要多为孩子提供一些锻炼机会，多鼓励孩子做一些力所能及的事，例如：帮父母做家务、出门买个酱酒等，父母应对孩子进行适当的指导及鼓励，帮助孩子完成目标。

还有，在锻炼孩子的过程中，家长要给予孩子积极的评价，让孩子的自信心得到精神滋养；要多观察孩子，发现孩子身上的闪光点，在孩子表现好时表扬他、鼓励他。孩子不断地得到家长的肯定，就会发自内心地觉得自己很棒，从而建立起强大的自信心。

2. **不要责备孩子，不要打击孩子**。不要经常责怪孩子，像"蠢、傻瓜、没出息"这类的话千万不能说给孩子听。只有孩子自己扭转了"处处不如人"的意识，自信心才能真正建立起来；孩子遇到困难时，父母要主动给予帮助，成功之后要给予奖励；要用一双善于发现美的眼睛发现孩子的长处，告诉孩子他非常棒。还不能给孩子提不切实际的高要求，否则孩子更容易有自卑感。

3. **教孩子从容面对挫折，树立自信**。孩子最初遇到挫折时，不要担心，要让孩子自己独立地面对。如果孩子自己解决不了，家长就可以站出来教孩子如何克服困难，并让孩子相信自己，付出努力总会成功。久而久之，孩子就能养成乐于尝试、勇于克服困难、敢于正视挫折的良好心理品质，树立起强大的自信心。

要点7：引导孩子树立正确的人生观

一个人树立正确的人生观，对于未来的发展有着至关重要的作用，当然人生观要从小培养。万丈高楼从地起，再高的楼都要从打好地基开始，对孩子的培养也是这个道理。想要让孩子有一个光明美好的未来，就要从小引导他们树立正确的人生观。

晓侨是一名初二的学生，有一天她突然心血来潮，问妈妈："人的一生要怎么度过才会有意义？人死了，意义还存不存在？"妈妈笑了笑说："每个人都有自己的人生，你的人生要由你决定。如若想让自己死后还有意义，就要做些对社会有价值的事儿。"晓侨想了想，说："那我要当个科学家，发明出很多对生活有用的东西，像爱迪生那样，有价值吗？"妈妈郑重地点了点头。

聊天之后，妈妈知道了她的忧虑，便为她买了一本《钢铁是怎样炼成的》。晓侨废寝忘食地阅读着这本书，深深地为保尔为国家牺牲一切的信念以及崇高的人生观所感染。她把自己喜欢的文字抄了下来，并贴在了自己的书桌上，用这个作为座右铭来不断激励自己。

著名心理学家毕淑敏曾说过:"人生是没有任何意义的,但是你得为之确立一个意义。"每个人都可以为自己的人生确立一个意义,有的人为了自由而活,有的人为了追求知识而活,有的人为让人类生活得更加美好而活,有的人为了享乐而活……每个人都不一样,但这些都是人生的追求。

邻居曾经对我讲过这样一件事:

"你不知道,我闺女可聪明了!有一天,闺女找我要五元钱,我给了她五元。结果她说:'妈,我要五张一元的。'我好奇她要做什么,疑惑地说:'一张五元,五张一元,不一样?'

女儿说:'不是。我们学校有个奖项可以给班级加分,叫作拾金不昧。捡到钱的同学交到教务处,就会给班上加1分。你给我一张五元的,我只能交一次,加1分。如果你给我五张一元的,我就能交五次,给我们班能加5分。'"

邻居觉得"女儿很聪明",可是这件事却暴露了孩子的人生观、价值观有问题。

一个人如果没有正确的人生观作为指导,就像在黑夜赶路的行人,看不到方向与终点。人生观是一个人对自己或他人生存的意义的思考。每个人的看法不同,就有了消极与积极的人生观之分。要想让放孩子树立正确的人生观,就要从以下几方面努力:

1. 让孩子学会客观、科学地看待问题。客观、科学地看待问题,就是要实事求是。这一点看似容易,但并不是每个人都能做到。人们对于这个世界的认识,从一开始就带有主观倾向性,同样的事物,对于不同人的认识价值与意义也不同。客观地、理性地看待事物,不先入为主,不自以为是,不轻易被他人的意见所左右,对事物保持清醒的头脑,是一个人养成正确的人生观与价值观的前提和基础。因此,要想让孩子树立正确的人生观,就要让孩子学会客观、科学地看待问题。

2. 做孩子人生观的向导,让孩子多些正能量。孩子在人生观的形成过程

中,会遇到许多疑惑和不解,这个时候,家长就要对孩子进行积极的引导;对孩子的疑惑与不解,进行正确的指引,帮助孩子树立正确的人生观。人生观正确了,孩子自然就会充满正能量,孩子自然就会成为一个正直、善良、真诚的人;这样的孩子未来也必然是幸福的、无忧的、快乐的。

3. **让孩子有远大的理想和崇高的精神追求**。一个没有远大理想、没有崇高精神追求的人,会变得越来越功利,目光会越来越短浅,精神世界也会变得越来越荒芜。远大的理想、崇高的精神追求,能够帮我们从更远的历史视角、更广的社会视野观察及分析眼前的事物。要让孩子有远大的理想和崇高的精神追求,就要让孩子少一些盲目、少一些急躁,要鼓励他们将有限的时间与生命用到有意义有价值的事情上来。

第九章

人际——懂得与人交往,拓宽自己的人脉圈

重点1：鼓励孩子多交朋友

吴刚学习非常好，连续三年被评为"三好学生"，还获过全国高中数学联合竞赛三等奖，是学校领导和老师都十分看重的学生。但是不久之前他突然申请退学，老师感到十分吃惊。吴刚要求退学的理由是：他觉得同学们瞧不起他，没有一个人愿意和他做朋友，他感到很孤单，甚至觉得同学们都挺虚伪的，一进教室，就觉得胸口发闷，产生"在学校呆着没意思"的念头。

孩子长大的过程就是社会化的过程，为了让孩子更好地走向社会、适应社会生活，为了孩子的身心健康，为了让孩子有个好前途，就要鼓励孩子交朋友。亲情、友情、爱情、事业是人生的四个重要支点，任何一个支点都不能缺少。

美美今年五年级，学习成绩一直保持在年级前五，但是很少跟同学一起玩，总是独来独往，沉默寡言。在学校，只要是集体游戏、集体活动，她都不参加，宁可在旁边看着大家玩。美美性格比较孤僻，每天上学、放学都是一个人，课间也总是一个人默默地坐在课桌前，或痴痴地发呆，或做自己的事情。每当有人来找她玩，她也都摇头拒绝……

妈妈听到老师反映的情况，就问女儿："你在学校开心吗？"

"不开心。"

"为什么不开心，是因为没有好朋友吗？"

"没有，我不喜欢和他们一起玩。"

"为什么呢？能告诉妈妈吗？"

"没有原因，妈妈，我也不知道为什么，就是不喜欢和同学一起玩。"

……

这件事情让妈妈伤透了脑筋，她知道，美美之所以会变成这样，一部分原因就在于妈妈。妈妈是一名医生，平时工作忙，在美美小的时候，总是将她放在家中，下班回家妈妈都能看到美美眼巴巴地看着窗外嬉戏打闹的小朋友。女儿也曾经央求过出去玩，但是她总认为外面有太多细菌，担心孩子生病，就狠心地拒绝了。

妈妈给美美买了许多玩具、汽车、拼图……美美的童年就是和这些没有生命的玩具一起度过的，美美从来没有与小朋友一起玩过。

每个孩子都喜欢交朋友，希望可以交几个不论是在思想上、学习上还是在生活中都志同道合的朋友，当遇到挫折或困难时可以从朋友那里获得鼓励、信任与支持。在与周围的朋友相处时，如果朋友的肯定态度多于否定态度，孩子就会感到和朋友之间有一种统一战线、休戚相关的情感，并愿意牺牲自己的利益去对朋友掏心掏肺。这是一种自我发展的需要。

然而，很多家长认为孩子三五成群总是聚在一起想着法子玩，会耽误学习，因此总是限制孩子交朋友。父母的顾忌虽然也有一定的道理，因为很多

案例确实证明，孩子朋友多了，就会将心思用在玩上，因此父母做出适当的限制，是可以理解的。

但是，朋友对于孩子的成长非常重要，过多的干涉会得不偿失。性格不同的小伙伴，能够弥补孩子性格上的缺憾，对孩子的身心健康非常有益，例如，内向的孩子多和外向的孩子交往，就会变得主动、热情、活泼。

孩子交朋友的利大于弊，家长要积极地鼓励孩子交朋友。要想做到这一点，就要从以下几方面入手：

1. **为孩子创设一个良好的交友环境**。父母要鼓励孩子交朋友，还要鼓励孩子将同学带来家里，鼓励孩子热心地招待同学及朋友，提高孩子在同学或朋友中的形象。父母的善意与热心会让孩子的同学及朋友感受到喜爱与重视，增加对孩子的好感，变得更加愿意和孩子保持良好的朋友关系。因此，如果想让孩子友好地与朋友相处，就要为孩子创造一个良好的交友环境。

2. **鼓励孩子珍惜及发展友情**。孩子们在一起磕磕碰碰、斗嘴吵架不可避免，即使是关系特别好的朋友也不例外。孩子之间发生了争吵，成人要保持冷静，不要因此而限制孩子之间往来，要采取劝解的办法疏导孩子的关系，不能袒护自己的孩子，要帮助孩子正确认识矛盾与争吵，多从自己身上找原因。如果是自己孩子错了，就要让孩子主动赔礼道歉，鼓励孩子与小伙伴和解；要教育孩子和自己的伙伴互相帮助，当小伙伴生病时，要提醒孩子主动去关心与探望；要让孩子学会分享。让孩子学会尊重与体谅小伙伴，交往中要不怕吃亏，也不要时刻处于上风；还要鼓励孩子做一些有意义的事情，例如，画一副有趣的画、自制一个小玩具送给小伙伴，不断发展孩子之间的友谊。

3. **不要对孩子抱有过分期望**。有些孩子，需要花费比其他孩子更多的精力去教他们与伙伴交往。比如，孩子可能不喜欢参加聚会，人多的地方会使得他感到焦虑不安。这时候，就要降低对孩子的期望值，给孩子尊重，可以先让孩子邀请一两个朋友到家里玩，然后逐渐地请更多的人过来，不断扩大他的朋友圈。

重点2：为孩子创造与他人交往的机会

美国心理学家卡耐基曾说："成功等于30%的才能加上70%的人际关系。"这句话有没有科学道理我不知道，但是关于对人际交往重要性的强调，我是认可的。培养孩子的交往能力非常重要。

新世纪对新一代有着更高的要求，他们不仅需要有高智商的头脑，还要有健康的身心，更需要有快速适应现代化社会发展所必需的交往能力。因此，我们要给孩子创造更多与他人交往的机会。

张勇一直都喜欢自己在家玩，不喜欢与同龄小朋友一起玩。每次从幼儿园回来就直接回家，如何哄都不下楼。看到其他孩子玩到天黑都不回家的样子，妈妈觉得有些庆幸，以为自己孩子听话省事，甚至觉得这样孩子才有时间读更多的书。

可是随着孩子逐渐成长起来，妈妈发现孩子不喜欢与人接触是一个很大的问题。张勇不会跟同龄人交往，在家里大人都对他无限容忍，可是与同学接触就不一样了。妈妈发现这个问题后，就开始有意识地给张勇寻找合适的玩伴，想办法给他创造条件与他人接触。

一天晚上，妈妈做了蛋糕，特意多做出一块，晚饭后问儿子：

"张勇,一会儿咱们去给林峰(楼下小男孩,比张勇大一岁)送蛋糕吧,让他也尝尝好吃不?"

张勇说:"好的。"

到了楼下,妈妈鼓励儿子自己敲门。儿子敲门后,林峰出来,儿子说:"林峰,这是我妈做的蛋糕,可好吃了,这是我专门给你留的。"

就这样,两个孩子玩到了一起。一直到九点半,张勇都不愿回家,说明天还要和林峰一起玩。

不仅如此,妈妈还会在周末亲手做一些好吃的点心,让张勇邀请幼儿园的小朋友,或者小区里面的小伙伴到家里做客,一起玩。

就这样,张勇慢慢地开始喜欢和外面的小朋友一起玩耍了。

事实证明,活泼开朗、乐于助人的孩子比较容易受到同伴的欢迎与大家的喜爱,还比较容易适应新的环境。然而,现在的孩子大多都是独生子女,缺少同龄伙伴,接触面比较窄,产生了自私的想法,喜欢以自我为中心、不合群、攻击性强,要想改变这一种状况,家长在日常生活中就要积极地为孩子创造交往的机会。

父母是孩子人生中最早接触的人,也是孩子生命中的第一位教师,在他们的一生中所起的作用至关重要。要让孩子爱交往、会交往,通过在各种机会、各种途径、各种活动中进行有效地互动,促进孩子社会活动能力的发展。因此,要找机会带孩子和同龄伙伴交往,为孩子创设一个和伙伴交往的氛围,让孩子在一点一滴中提高自己的交往能力,收获他人的友谊。

1. **邀请朋友来做客**。家长要为孩子打开生活空间,让孩子更多地和同龄伙伴进行交往,例如,邀请同学与朋友来家里做客,切不可因为嫌吵或怕乱、怕打扰到自己的生活,拒绝让孩子的同学、朋友到家里来玩。对做客的孩子要多一点热情、善意,为他们营造一个轻松愉悦、和谐自由的交往环境。当然，在节假日时，大人们还可以一起约出去玩，主动为孩子创造机会，鼓励孩子与朋友一起游玩、一起活动。

2. **多给孩子一些空间**。给孩子一些空间，多带孩子出去玩，不要总是跟在孩子后面担心他被其他小朋友欺负，允许孩子们在一起说些"悄悄话"、闹些"小矛盾"，这是成长中必然会经历的事情。不要总是围在孩子身边，孩子总有一天要离开你。出现了问题，为何不让他自己解决呢。

3. **常带孩子走亲访友**。有机会，就带着孩子一起去走亲访友，让孩子与更多的孩子一起游戏玩耍；小伙伴过生日时，要引导孩子给小伙伴送个小礼品；逢年过节，要让孩子给小伙伴制作一张贺卡，让孩子多结交朋友。还可以在闲暇时多带孩子到公园、小区的绿地或亲戚朋友家玩，鼓励孩子不断地适应新环境，多和他人交往，多给孩子创造结交小伙伴的机会。

重点3：鼓励孩子带同学来家里

鼓励孩子带同学、朋友回家，让孩子充当小主人的角色，孩子就能学会招待自己的小客人。在这个过程中，父母可以在一旁指点，但千万不要过多地干涉。孩子带同学来家里玩，父母和颜悦色地欢迎，会使朋友增加对孩子的好感，从而愿意与孩子保持良好的朋友关系。

奶奶是名退休的小学教师，非常注意引导明道与小朋友交往。周末，奶奶会鼓励明道带自己的小朋友来家里玩。明道每次听到奶奶这么说，都非常高兴，像得到了天大的礼物一样。明道每次都是家里的一个小主人，他会高兴地为小伙伴搬凳子、递玩具，并把自己喜欢吃的糖果分给小客人。家里大大小小的玩具汽车、飞机、火车，统统拿出来与小朋友玩。如果小朋友不会玩，明道就会教他们一起玩。

独生子女大多住在单元楼，即使房中什么玩具都有，但是对于大多数的孩子来说，待在单元楼里和关在笼子里没什么区别。他们需要和同龄的孩子玩闹嬉笑，想与朋友们多玩一会儿。若父母狂轰乱炸，孩子心里自然不好受。

父母不善待孩子的朋友，在一定程度上，会让孩子感觉父母在限制自己与人交往。

> 周末，茜茜对妈妈说："妈妈，我想让同学马琳、陈琪星期天来咱家玩，行吗？"
>
> 妈妈有些不悦，皱了皱眉头。茜茜接着说："我们要在一起做个小实验。"
>
> "做什么实验？"妈妈问。
>
> "就是用纸杯装水，放在燃烧的蜡烛上，观察杯中的水，看看是不是可以烧热。"茜茜很认真地说。
>
> "我刚收拾好的屋子，你们折腾完，我还得重新收拾。"妈妈很不高兴地说。
>
> 茜茜听了妈妈的话，没有再继续说什么，转身就回到自己的屋子，"砰"地关上了房门，好久没出来。
>
> 到了晚上，茜茜也没有吃饭。尽管父母多次相劝，茜茜还是食欲不振，而且一连几天情绪都非常低落，没有精神，也没有笑容。此时，妈妈这才感到非常后悔。

孩子们一般都羡慕父母性格宽厚的朋友，善待孩子的朋友，就能在孩子那里获得一个好形象，孩子也会变得乐观自信。这样的好事，我们为什么不做呢？

1. **善待孩子的朋友**。随着孩子年龄的不断增长，孩子都会带朋友回家，这是父母迟早要面对的问题。孩子带朋友回家，也是他交友能力的一种良好体现，父母要全力支持。此外，当孩子的朋友来家里玩时，家长一定要友善地对待他们。因为只有这样，他们才更愿意来家中做客，才更喜欢与自己的孩子做朋友。如果家长做不到这一点，不仅会伤害到孩子的自尊心，还会让

朋友远离自己的孩子。

2. 创造欢乐的气氛。孩子的同学来家里时,要创造欢乐的气氛。

(1) 千万不要大吼大叫。这个道理就像是女人在一些正式场合要给男人留面子一样,即使孩子在一些地方做错了,也不要当下批评或说教。等到孩子的朋友走了,再摆事实讲道理。有朋友在场,即使你说再多的话,孩子也可能根本就不会听。而且,不对孩子大吼大叫,也是给孩子留面子。

(2) 不说孩子的缺点。不要当众提起孩子的缺点,要表扬孩子。如果不想做孩子的敌人,就不要拿孩子和其他孩子做比较。要相信自己的孩子是最棒的!

(3) 不讲孩子的糗事。为了活跃家庭的气氛,有时家长会讲些孩子小时候的糗事。虽然父母觉得没什么大不了,但却会给孩子的生活带来很多干扰。可能就是因为这个不小心或不在意,孩子就会在很长时间里成为别人的谈资。

3. 让孩子承担一部分责任。孩子带朋友来家里,并不是说剩下的事情都交给大人来做,孩子也要承担责任。比如,可以让孩子帮朋友倒水、为朋友拿拖鞋等,朋友的需求都可以由孩子去完成。这也是让孩子自己招呼客人的好机会。

重点4：鼓励孩子多参加集体活动

独生子女缺少兄弟姐妹，他们都对集体活动非常有兴趣，家长对此也持支持态度。如果孩子比较胆小、内向，喜欢自己一个人待着，对活动没有什么兴趣，讨厌活动中纪律的约束，就要多注意。集体活动对孩子成长具有非常重大的意义，因此一定要多鼓励孩子参加。

北北读小学二年级，特别胆小，妈妈感到头痛不已。小时候北北的胆子就小，上学之后也是这样。小时候别人抢他的玩具，他都不懂反抗，甚至还被吓得直哭；上小学之后也没有多大的改变，老师上课提问，他被叫起来回答问题，一句话也说不出来，找他谈话就把头低着，也不认错；平时遇到熟人也都是避开走，不打招呼……

在学校时，北北从来不参加集体活动，每次集体活动都会找借口逃避，或者直接拒绝参加。平时学校开运动会什么的，北北也十分抗拒，总是一个人独坐在观众席上，仿佛一切都与他无关。

马特洛索夫说："人活着应该让别人因为你活着而得到益处。"家长要帮

助孩子克服自私的心理,让孩子走出自己的小世界,多接触他人,多参加团体活动,孩子可能会得到更多。

其实,孩子从三岁开始,就产生了交往的愿望,这是萌芽阶段的交往心理。升入小学后,孩子便会快速进入集体,就会产生与同龄人交往及沟通的强烈愿望,而集体生活则为他们创造了交往的最好条件。所以,父母要让孩子积极参加集体活动,逐渐增强孩子的集体观念。

莉莉如今已经上了幼儿园大班,可是她一直适应不了幼儿园生活。每天上学,莉莉都会抱着妈妈不松手,一直哭:"我不要上学。"

不仅这样,在学校时莉莉也不配合老师,上课不听讲、不举手,老师领读儿歌也不跟读,不愿意唱歌,不愿意和小朋友交往,不愿意和老师交流,更不愿意参加幼儿园的各项活动。只喜欢一个人默默地坐在自己的位置上。

为了让孩子可以尽快适应幼儿园生活,妈妈想了很多办法,但效果并不理想。一次,妈妈带着莉莉在小区玩,几个小朋友正在一起搭积木玩,莉莉默默地看了几眼,便走开了。

这时,有个小朋友看见了莉莉,跑过来要与她一起玩。孰料莉莉一下把小朋友推开,并说:"我不要和你们一起玩,我不喜欢与你们一起玩。"妈妈试图拉着莉莉与小朋友一起玩,但是莉莉坚持不去,甚至用上了"哭泣"大法。

积极主动地创造条件,鼓励孩子参加一些集体活动或有益的社会活动、公益活动,可以让孩子在集体活动中养成团结友爱、乐于助人的品质,学会调节集体以及个人的关系,孩子的交际能力也会有所提高。那么,父母应该怎样让孩子更加积极地参加集体活动呢?

1. **为孩子创造一起活动的环境。**可以为孩子提供有趣的玩具、游戏材料、空间和时间,让孩子与亲朋邻里的孩子一起游戏,鼓励他们参与社会及幼儿园组织的集体活动;也可以利用节日游园、参观美术馆、郊游踏青、走亲访友、观看演出比赛等机会,有意识地安排孩子和集体多接触,增进孩子对集体活动的认识和了解,提高孩子参与的热情与积极性。

2. **让孩子在集体活动中发挥主动性**。如果想让孩子在集体活动中发挥出自己的主动性,首先,就要了解孩子的心理需求,依据孩子的能力、爱好及兴趣组织集体活动。接着,要发挥同伴之间的鼓励作用,不要担心孩子失败,要用掌声为孩子鼓劲儿,增添孩子的自信。然后,给孩子创造机会,让孩子在集体活动中发挥自己的特长、帮助别人、服务于集体。同时,要预先想好孩子在集体活动中可能会遇到的困难,并给予帮助,如果是技能技巧还不够熟练,可以在家辅助孩子练习、彩排。

3. **帮助孩子建立友情,培养合作能力**。孩子们都喜欢跟善于合作的人交往,因此在鼓励孩子参加集体活动的过程中,要侧重对合作能力的培养。平时,家庭成员之间可以开展合作游戏,例如"两人三足"等,让孩子意识到有些事需要大家一起合作才能完成;也可以让孩子找朋友,让大家的热情和积极性感染孩子,带动孩子。此外,在集体活动中还要给孩子提出一些具体要求,分配具体任务,活动项目也需要有利于孩子之间的合作。

重点5：引导孩子与不同年龄的人交往

孩子不仅需要和同龄人交往，也要学习和不同年龄、性别、职业的人交流，如此，不仅能帮他们培养交际能力，还可以帮助他们开阔眼界、认识社会。所以，在孩子想与他人交往时，父母就应该努力给他们创造一个不分年龄、不分性别的社交范围。

郑清是一家公司的老总，平时应酬非常多，家里也经常来人。儿子郑威非常懂事，在家人与亲戚面前表现得非常有礼貌，大家也都非常喜欢他。但是，如果家里来了陌生人，他就非常胆怯，不敢说话。郑清觉得儿子这样不行，于是每次家里来客人之前，都会提前告诉儿子客人的习惯与需要注意的事项，例如：要双手递茶给客人，并说"请叔叔喝茶"；对别人的夸奖应该如何得体地回答等。在一次次的锻炼中，儿子不仅掌握了基本礼仪，还可以即兴发挥说几句漂亮话，面对生人时也表现得很自如。

我们每天都要从他人那里获得大量的信息，学习他人的经验和智慧，因此培养孩子的人际交往能力是非常必要的。

冯丹今年上小学二年级，日常在家时行为举止都比较开朗，只是一见到陌生人就胆怯退缩，不敢大声说话，常常躲在角落里。每当亲戚来家里时，冯丹都觉得非常尴尬。在小区遇到邻居，妈妈每次都让她打招呼、问好，她也总是理也不理，甚至是能躲就躲。

一次，邻居张阿姨来家里做客，妈妈正好出去买东西了，打电话说还有十分钟就到家。家里只有冯丹一人，冯丹和张阿姨尴尬地坐着，实在没办法，冯丹只能腼腆地笑一笑，不知道该说什么。

正常交往，对孩子的成长、个性的形成与发展具有非常特殊的意义。一个人的个性总是在一定的社会环境下通过和他人的交往慢慢形成的，父母必须明白：在社会中孩子不仅要会与同龄人交往，还需要面对年龄不同的人。

鼓励孩子与不同年龄的人交朋友，引导孩子发现别人的优点，是一件十分美好的事情。交朋友不分年龄大小，因此一定要让孩子学着交往，让孩子体会到他人身上那种积极的、阳光的、向上的品质。那么，应该怎样引导孩子和不同年龄的人交往呢？

1. **注重亲友邻里间的互动**。邻里关系非常重要，创设良好的邻里关系等于创设了一个良好的社会交往环境。为了营造一种和谐的邻里环境，要多鼓励孩子到邻居家串门，或邀请邻居家的孩子到自己家来玩耍。当然，亲友也是非常重要的交往对象，亲戚朋友的关系仅次于家人，孩子同样能够感受到关怀与帮助。经常与亲友往来，不仅能够增强亲人之间的情感，也能够锻炼孩子的社会交往能力。

2. **让孩子学会交往礼貌**。在和不同年龄的人交往时，特别是在和长辈交往时，一定要让孩子学会基本的交往礼貌。懂礼貌的孩子，往往更容易受到大家的欢迎。要想做到这一点，就要从最基础的打招呼、彼此问候做起，例如：离家、回家时，要让孩子与父母、家人主动打招呼；遇到熟人，要有礼

貌地跟对方打招呼；懂得节日祝福或礼貌用语等。只有在实践中做到举止得体、态度友善，别人才愿意和孩子交往。

3. **组织一些家庭联盟**。许多家长平时忙于工作，没有时间陪伴孩子，但又不放心孩子单独出去玩。解决这种情况的办法就是，找些和你有相同困扰的家长彼此帮忙，组织一个家庭育儿联盟，彼此轮流带孩子游玩，或在家里组织活动，让孩子有机会与更多的小伙伴、大伙伴、家长交往。这样，既解决了家长没有时间的问题，又解决了孩子的交往问题。此外，因为家长的文化背景、生活方式、社会工作等不同，照看孩子的方式也会不同，有助于丰富孩子的世界观、价值观。

学习激励篇

重点6：引导孩子认识各行各业的人

孩子对社会上的各行各业只有模糊的了解，不够清晰和全面。家长要引导孩子认识了解各行各业的人，让孩子在点滴的生活中掌握更多的知识，对各行各业在社会中的存在感及价值有一个简单的认识。如此，不仅可以培养孩子对劳动者的尊敬与爱，还可以提高孩子和各个行业人交往的能力。

钱宁是一个七岁的小男孩，他的小脑袋里总有很多问题。和妈妈逛街看见消防车，就会问妈妈："消防队员是如何工作的呢？"去医院看病，他会问妈妈："为什么打针要找护士阿姨，看病要找医生？"逛商场时，他也会问妈妈："柜台里的阿姨在里面做什么？"……

总之，钱宁对一切工作都充满了好奇。为了满足儿子的好奇心，让儿子更好地了解各行各业的工作情况，放暑假期间，妈妈决定带钱宁去体验其他人的生活，让他对各种职业有个深刻、全面的了解。

体验的第一个职业是售货员。妈妈的一个朋友在商场开了一家童装店，妈妈带着钱宁去给朋友义务帮了几天忙。在这几天中，钱宁发现，原来售货员是个非常有意思的职业，买衣服的人千奇百

怪，售货员则要跟各种各样的人沟通。刚开始，钱宁非常腼腆，两天之后，胆子就大了起来。客人来时，钱宁也会熟练地问候：欢迎光临！如果顾客是带着小朋友进来的，他也会主动与小朋友一起玩……

接着，妈妈又带着钱宁去了表妹家。表妹开了一家蛋糕店，在这里钱宁发现，有的人在设计蛋糕，有的人负责和面，有的人负责做……

短短的两个月假期，妈妈带着钱宁见识了三四种不同的职业，钱宁不仅认识到了不同职业的不同工作情况，还懂得了与不同职业的人沟通的不同方式，并且与他们都成了好朋友。

让孩子体验不同的职业，与不同职业的人接触、做朋友，对孩子的成长非常重要。我们可以从日常的生活中，随机地向孩子介绍各种不同的职业以及工作性质，增加孩子对这个职业的认识，进而帮助他们体会到"我们舒适的生活是很多人联合服务的结果"。

如果有机会，父母可以带孩子去企业或公司参观学习，让孩子看看父母都是如何工作的，让他们从小就了解想要得到社会的认可需要什么条件。这种方式，还可以让孩子认识到知识与能力的可贵。在保证孩子安全的前提下，也可以带孩子去餐厅、社区、工地访问，参观或实践，让孩子体会体力劳动的艰辛及生活的不易。这些地方都是职场非常重要的一部分。多给孩子一些接触职场的机会，让他们提前感受职场氛围，孩子就会知道真正的生活是什么。

孩子对外界事物的喜恶是通过学习得来的，孩子的第一个学习对象一般都是父母。父母所喜欢的人或事，孩子多半也会喜欢。所以，唯有父母平常对各行各业抱有一份尊重的心，抱有不轻视的态度，才能使孩子时时刻刻存有一份尊敬之心。

曾经，我的一位朋友告诉我，在她小时候，从收垃圾的工人身边经过时，她妈妈不容许她掩住鼻子。妈妈对她说："我们不喜欢的工作都由别人在做，他们为了我们的生存环境在工作，我们有什么资格不屑或厌恶。"直到成年，每次经过垃圾车旁，朋友都会想到父母从小对她的教诲："要对各行各业的人有礼貌。"

第十章

视野——要有大视野、大格局

技巧1：家中挂一幅世界地图，时刻漫游世界

飞飞今年七岁了，刚上小学一年级，父母为了培养飞飞的世界眼光，书房里张贴了一张巨大的世界地图。飞飞站在床上，额头仅可以达到埃及的高度，欧洲、美国、日本……踮脚才可以看清。功课做完时，飞飞就喜欢一个人站在世界地图前，想象自己是一名骁勇善战的将军，率领战无不胜的军队去攻打日本、美国、德国、法国、英国，最后来到地图最远的角落。地图上，飞飞在"开普敦"上打了个"X"。更多时候，飞飞也会想象，地图上的每个角落里，是不是也生活着和自己一样的人，他们真实的世界是怎样的。

有段时间，飞飞一家打算去新加坡旅游。在出国之前，飞飞便在地图上找到了新加坡的位置，并且与爸爸一同研究新加坡的地理位置，了解了新加坡的风土人情。

随着国家政治一体化，经济全球化，未来与国际的交往将会日趋密切，有远见的父母都清醒地认识到，在新世纪的背景下成长的孩子面对的不仅是国内竞争，还要面临越来越激烈的国际竞争。想让孩子有更好的发展，就要对异国文化及历史拥有全面的、深入的、准确的了解。

玛丽还不识字时,爸爸就在家中的墙上挂了一幅非常大的世界地图。因此,妈妈还曾与爸爸争论过,妈妈说:"挂世界地图有什么用,挂城市地图对出行还有帮助。"最后爸爸搂着妈妈笑着说:"老婆啊,咱们先得让儿子具备世界眼光,之后才会有中国眼光、家乡眼光。"

爸爸带玛丽吃日本寿司回来,会告诉玛丽日本在地图上的哪里;有时还会与孩子进行比赛,看谁最快在地图上找到日本,获胜者可以获得一份小奖品。爸爸带玛丽吃麦当劳时,会告诉它麦当劳是怎么来的,以及一些美国的历史故事等,每次玛丽从麦当劳回到家,都会跑到地图上去寻找美国。

除了在家中挂上一幅世界地图外,如果孩子喜欢绘画,家长还可以鼓励孩子画地图。画地图,是让孩子了解世界的一个非常好的方法。孩子绘画过程中,也就渐渐熟悉了不同国家。

也许有人会说,在家中挂一幅巨型世界地图,对孩子没有用,孩子根本就记不住。挂世界地图看似与低龄儿童不相称,但是要相信其潜移默化的作用,让孩子在一次一次的积累中慢慢了解世界各国。例如,在吃西班牙海鲜饭时,可以给孩子浅显地讲述一下西班牙,甚至可以给孩子听听活跃的《西班牙斗牛士》舞曲。

在家中挂一幅世界地图,孩子足不出户,便能认识世界、了解世界。那么,作为父母,在对孩子进行"世界化"教育时,需如何利用世界地图呢?

1. 为孩子买个大大的地球仪。 买一个地球仪摆在家里,孩子从电视或大人口中看到或听到某个陌生国家,父母就要耐心地与孩子一同在地球仪上寻找,直到找到为止。例如,现在有很多玩具都是印度制造,玩具的底部或侧

面会标有"印度制造",这就是一个很好的引导孩子了解印度这个文明古国的机会。

2. **带着孩子学唱各国童谣**。孩子都拒绝不了童谣,父母要鼓励孩子学唱各国童谣。在学唱各国童谣时,可以顺便提几句各国的常识。例如,唱俄罗斯《红莓果》时,就可以告诉孩子:俄罗斯是世界上面积最大的国家;俄罗斯是第一个让载人火箭飞上太空的国家。在学唱朝鲜童谣《小白船》时,可以告诉孩子:韩国与朝鲜原来是一个国家,因为战争才分裂成两个。学唱菲律宾的童谣《船歌》时,可以给孩子介绍一下"千岛之国"。

3. **让孩子画一幅世界地图**。孩子都喜欢涂涂画画,既然喜欢,不妨引导孩子画画地图,但是要带着趣味性,因为孩子的注意力不会集中很久。中国的版图像只雄鸡,孩子一开始必然无法画好,歪歪扭扭或者根本不像,不要心急,我们的目的仅仅是让"中国"与"雄鸡"留在孩子的脑海中罢了。当孩子可以比较准确地画出地图轮廓时,就教他画临近国家的地图,在画地图的同时,就逐渐熟悉了各个国家。

学习激励篇

技巧2：增长知识，海外旅游不可少

古语云："读万卷书不如行万里路，行万里路不如阅人无数。"而据我所知，很多成年人都是"行万里路前读万卷书，行万里路中阅人无数，行万里路后思索回顾"。带孩子到世界各地旅游，不仅能够开拓孩子的眼界，还可以丰富孩子的知识。在旅途中更能学到很多课本上没有的知识。

别看娇娇只是一个10岁的小女孩，但她去过很多地方，在同学眼中，她就是一个小"世界通"。这几年，父母带她去过马来西亚、印度尼西亚、日本、韩国、泰国、新加坡、意大利等。

纸上得来终觉浅，绝知此事要躬行。父亲一直觉得，一个人的经历决定了这个人的眼界。所以，在娇娇很小时，只要一有时间，父亲就会带她出去旅游。每去一个陌生国家之前，父亲就会对她进行长达一周的培训，其中包括语言、文化、当地情况及摄影技巧。

印象最深的是，去意大利前的一个月，父亲让娇娇阅读相关的书籍，并且让娇娇对文艺复兴有了一个基本的了解，包括卢浮宫的神秘与拿破仑的传奇。经过简单的语言培训，娇娇能够通过海关简单的询问，看懂当地的公交行政标志，大大消除了孩子的陌生感。每到一个陌生国家，娇娇就会慢慢验证，看看自己之前获悉的资料

是不是与眼前的经历相吻合。不仅会与当地人产生碰撞与交流，还会主动借助当地人的帮助来完成之前预想的任务。

旅途生活就像是一本翻开的百科全书，随时随地都是学问。不论是谁，都能在旅途中获得不小的收获。英国思想家培根曾经说过："旅行是对年轻人的一种教育。"的确，旅行中的自然、社会、种族差异、文化差异、民俗风情，都能丰富孩子的学识，而为旅行所做的准备与行动，更能丰富孩子的经验，变成他们终生受用的行动力。

对孩子来讲，旅行的经历对他们的成长有着非常重要的意义。随着孩子的成长，他们也希望走出家门，去不一样的地方。他们希望见识一下其他城市，收获新的眼光；他们希望到辽阔的大自然，感受不一样的东西。从旅行中，孩子能吸取到正能量，拓展视野，更加热爱生活。

因此，在经济条件允许的情况下，父母一定要带孩子出国去旅游，以达到增长见识的目的。

1. **出国之前，让孩子事先了解目的地的风土人情**。出国不单单是游玩，更是一种增长见识的机会。出国之前，家长要对目的地国家的礼仪、历史、语言、风土人情等有一个大致的了解；还要让孩子知道，自己要去哪里、需要怎么做、将会看到什么、面对什么问题等。所以，在去一个陌生的城市或国家之前，家长要跟孩子一起学习，包括语言、文化、交通及当地的风土人情等。

2. **旅途中，引导孩子提问，不断地进行知识交流**。在国外旅游时，不要让旅行节奏太快，应该边走边和孩子交谈。孩子对看到的很多事物都会感到好奇，父母要主动引导孩子提问，并解答孩子的疑惑。发现孩子对某些事物产生兴趣，就针对那些事物进行恰到好处的知识教育，讲解时一定要注意知识的准确性。如果参观和游览的目的性较强，就要针对将要参观的地方做个内容讲解，事先看一些资料，做好知识上的准备。当然，除了游玩外，最重要的是让孩子学会观察，获取知识。所以，在观赏植物时，对不同的花及不同的树，要提醒孩子留心观察、注意区分。观看动物也一样，这样才能够提高孩子们的鉴别能力。

技巧3：给孩子创造机会结识外国朋友

由于中西文化、生活习惯、价值观念的不同，中国人和外国人在思维、性格等方面也不同。让孩子仅仅生活在"中国圈"里，孩子的眼光可能就会变得狭隘；相反，让孩子跳出这个圈子，去认识一些外国朋友，孩子的眼界和想法也会进步。

陆青是一名高一的学生，之前因为受到父母思想的灌输，每次在大街上遇到外国友人，都是绕道而行，不会与他们产生任何交集。不仅如此，陆青对英语一点兴趣都没有，无论怎么学，成绩都提不上去。妈妈十分担忧。

最严重的是，陆青性格比较内向，偏安静，容易害羞，见了生人不敢说话，如果有陌生人多问她两句话，她的眼泪就掉了下来。她还十分抠门儿，她的书本玩具其他人都不能碰，不懂得分享。

为此，妈妈想了许多办法，都无济于事。一个暑假，妈妈要去外地培训，就将陆青送到了陆青的姨妈家。临走时，妈妈特意给姨妈交代了陆青的情况，姨妈保证：放心，两个月之后还给你一个不一样的陆青。

两个月后，妈妈培训回来，放下行李立刻到陆青姨妈家，发现女儿长高了，原来那个性格胆小、容易害羞、自私的女儿不见了，变得非常热情、积极、乐观。

妈妈惊讶于女儿的改变，为什么会发生这么神奇的变化呢？陆青的姨妈说："我有很多外国朋友，是他们帮助了陆青。我的客户里有一位来自加拿大的退休教师，今年五十六岁，十分喜欢陆青，经常带着陆青去郊外游玩，教育她要有爱心、要多和大自然接触、要讲究卫生等。在这位教师的引导下，陆青逐渐地打开了话匣子，开始尝试用英文与老师沟通……如今，陆青不但变得阳光热情，而且英语成绩也飞速地提升，特别是口语，进步的速度让老师们都感到惊奇。"

与外国人做朋友，对于孩子来讲，究竟有着什么好处呢？案例中，因为妈妈的原因，陆青一直对外国人退避三舍，导致陆青的眼界不够、性格胆小；而后来通过跟外国人的交往，反而让孩子实现了巨大的改变。因此，作为家长，必须要鼓励孩子尝试和外国友人接触。

因为生活环境、价值观不同，受教育形式、内容及成长环境不同，国内和国外朋友在处理很多事情时也会不同。让孩子与外国人多交流，很有必要，这不仅可以让孩子了解外国人的性格及价值观，还可以让孩子接触到各地的语言，锻炼孩子的口语。

然而，在现实中，有的父母常常会忽视这一点，有很多父母甚至还觉得与外国人做朋友非常不现实。其实，机会随处可见。现在，很多外国人来到中国，有的定居，有的留学。不需要出国，就可以带孩子认识外国友人。父母一定要创造机会，让孩子结识一些外国朋友。

1. **培养孩子与外国人交流的信心。**许多孩子之所以不敢与外国人打招呼或交流，是因为他们的英文不好。他们觉得自己的词汇量少，口语不好，语法经常出错,更无法像美剧中一样说一口流利的英文,可以轻松地与外国人交流。其实,这是没有自信的表现。只要孩子勇于开口,自信起来,跨出第一步,就可以很好地与外国人做朋友。因此,一定要培养孩子与外国人交流的信心。

2. **创造孩子和外国人交往的机会**。父母可以带孩子去书店或图书馆有英语角的地方,让孩子和外语比较流利的大朋友一起学习,鼓励孩子用简单的外语与外国朋友直接交流。除此外,还要积极关注政府举办的"青少年海外交流活动",为孩子争取一些参观访问其他国家的机会。不要觉得孩子小、不能适应出国生活。根据有关方面的介绍,国外来中国参观的"幼儿团"平均年龄也只有4~8岁。因此,父母一定要给孩子多创造跟外国人接触的机会。

3. **让孩子学好英语,多交流**。许多孩子不愿意与外国人交流的主要原因还是语言的问题。害怕出错,就会选择少说。其实,大部分外国人都非常热心,当孩子遇到语言困难时,他们会积极地给予帮助,因此一定要鼓励孩子主动跟外国人学英语,多交流。不仅这样,还要让孩子多了解一些外国的生活方式、舞蹈、乐器或民俗等,懂得多了,孩子与外国人交朋友的过程中,话题也就会越来越多。

技巧4:多带孩子参加各种展览会

在西方国家,家长经常会带孩子参观博物馆或到美术馆看展览,这在国外是非常稀松平常的事情,就像我们周末会带孩子逛公园一样,把它作为一种消遣。而这种消遣正好可以拓宽孩子的视野与思维方式,为孩子开启知识的大门。

如今,国内有很多父母为了培养孩子的艺术修养,给孩子报了各种各样的兴趣班或才艺班,将孩子拴在课堂和书本上。其实,完全可以参考一些西方的做法,带孩子观看一些展览,让孩子在潜移默化中增长自己的艺术细胞,提升自己的艺术素养。

国庆期间,展览馆刚好办了一个画展,妈妈决定带着晶晶去参观,让孩子身临其境地接触艺术,感受艺术。

出发之前,妈妈与爸爸达成共识:在会展上不要给晶晶讲太多,让孩子自由发挥,自由想象。因为他们知道,孩子的思维是天马行空的,讲解只会限制孩子的思维,艺术本来就是富有个性的艺术,让晶晶自由想象,更能让她体会到艺术的真正魅力。

画展上,看到不同类型的画作、各式各样的人,晶晶非常兴奋。

学习激励篇

她将相机挂在脖子上,开心地跳来跳去。看到喜欢的东西就拍下来,有时候听到大人对作品的评论,还会竖起耳朵专心聆听。即便是跟妈妈说话,晶晶也懂得把自己的声音压低,仿佛知道大声喧哗是对艺术品的不敬。妈妈安静地跟在女儿身后,在保证安全的情况下,不约束她,让她和艺术零距离地接触。

晶晶逛了一圈,最后锁定了自己的最爱:一张狮子图。栩栩如生的小狮子,让晶晶眼睛一亮,她伸出手想要摸画中的狮子。可是个子太小了,根本够不着那张画;并且,展览馆也明文规定,不能动手触摸展品。

晶晶忍不住跑过来,拉着妈妈的手说:"妈,那只狮子怎么跟真的一样啊?"妈妈趁机引导她:"你谈谈自己的想法,为什么会喜欢这张画呢?"晶晶边说边比画着,短短十多分钟,晶晶和妈妈从作品谈到了画家精湛的画技,在妈妈的启发下,晶晶对画家崇拜不已。

晶晶一直对这些画保持着浓厚的兴趣,直到闭馆了才一步三回头地离开。

古人说"读万卷书,行万里路"。碍于条件的限制,当孩子还不具备读万卷书或行万里路的能力时,可以带孩子参观博物馆,其实就是让孩子开眼界、长见识。特别是对于培养孩子艺术感来说,仅仅依靠口头是没有任何效果的,只有给孩子提供一场视觉盛宴,让孩子身临其境,孩子才能实际地感觉到它的魅力。

艺术其实并没有人们说的那么遥不可及,有生活的地方就有艺术的存在,比如:话剧、展览、音乐会,或各种活动、雕塑展、美术展等;还有生活中的插花、衣服的色彩搭配、家居的摆设、水果拼盘、摄影等,其实都是艺术。只要家长留心观察,生活中的任何事都可以开阔孩子的眼界,提高孩子的综合修养。具体说来,可以从以下几方面努力:

1. **选择适合孩子参加的展览会**。展览会的种类有许多，家长也不能什么展览会都带孩子参加，首先要选择好适合孩子参加的展览会，比如：美术展览馆、科技博物馆、历史博物馆、手工剪纸展览馆、艺术博物馆等。在美术展览馆中，可以让孩子欣赏各国的大家名作；在科技博物馆中，可以让孩子学习到世界最先进的科技知识；在历史博物馆中，可以让孩子了解到国内外的发展历史；在手工剪纸博物馆中，可以让孩子了解我国的剪纸文化及发展脉络；在艺术博物馆中，可以让孩子欣赏到各种艺术大作，提高鉴赏力。

2. **带孩子参加展览会的注意事项**。

带孩子参加展览会的时候，一定要注意下面一些事项：

（1）着装。跟孩子一起去展览馆，首先就要注意自己的着装，不要邋里邋遢，要跟展览馆的内容保持一致。比如，艺术展是文人雅客集会的高雅场所，因此在着装上要干净、简单，拖鞋背心这种服装是对艺术家的不尊重。

（2）饮食。展览馆内是不能饮食的，因此带孩子去之前要先与孩子约定好：里面不能吃东西喝水，要在入馆前，让孩子事先吃点喝点。更不要让孩子将零食直接带进去。

（3）规矩。展览馆内都要保持相对安静，所以进馆之前要与孩子提前说好规矩：不要乱跑，不要大声喧哗。如果孩子哭闹，必须及时地把他带离场馆，以免打扰到别人。在观看带玻璃罩的艺术品时，要提醒孩子：不要趴在玻璃上观看，不要试图拍打玻璃，否则会留下污渍或打碎玻璃，是不礼貌不文明的行为。

学习激励篇

技巧5：带孩子在不同的地方居住，体验不同的生活

如今，很多家庭都只有一个孩子，家长每天都要哄着宠着，致使许多孩子都被家长惯得不像样，衣来伸手，饭来张口。生活在象牙塔中，使得孩子体会不到生活的艰辛。给孩子换一种生活环境，让孩子感受到生活的另一面，就能在潜移默化中教育孩子，让孩子懂得珍惜自己已经拥有的一切。

案例1：

刘女士有个九岁的女儿，现在已经上小学三年级。家里只有一个孩子，家人都非常疼爱她。家里经济条件比较优越，女儿被父母全程照料，简直就是小公主般的待遇。

刘女士爱女心切，为了改变女儿的现状，锻炼女儿独立生活的能力，能够学会珍惜，懂得感恩，就带着孩子来到老家农村，打算带孩子体验另一种生活环境，让孩子吃些苦，让孩子在艰苦中懂得自立自强，在农村体验中得到历练与成长。

初到农村，女儿嫌弃农村脏乱的环境，晚上没有WIFI、不能上网、不能看动画片、不能玩游戏，女儿只能搬个小凳子坐在屋外面

看星星、看月亮。白天屋里没空调，只能吹大自然的风；附近甚至还没有大超市，买东西也成了一种奢侈，而且农村环境还很脏……

开始女儿受不了，哭闹着要走，但是在刘女士的引导下，女儿逐渐适应了这种生活，并且学会了独立生活、挖地、采药；经历了艰辛、痛苦、挫败、困惑后，女儿懂得了感恩。

案例2：

小易是一名高一的学生，家庭属于小康，每年夏天他都要参加社团游学活动。去年夏天，小易参加了一次出国游学，目的地是新西兰。在新西兰两个月的游学经历中，小易出现了很大的改变。

出国游学除了"学"，自然还要"游"。在出国游学的过程中，小易不仅参观了新西兰的名胜景点与顶级名校，还有幸在新西兰中学听了一次课，与当地的孩子一同上课。新西兰的教育方式与中国的教育方式不同，新西兰的课堂与中国的课堂也不一样。短短一个月的时间，小易就在新西兰学到许多知识，并且对国外的学习方式有了深刻的理解。他从中国和国外的教育方式中，找到了最适合自己的学习方式，激发了他学习的兴趣。

孩子不能生活在一成不变的环境中，可以给孩子换种生活环境，让孩子体验另一种生活方式。不论是从城市去到农村，还是从一个城市到另外一个城市，或出国游学，都是很好的选择。

每步都有不同的风景，每个环境都有不同的感受。给孩子换一种生活环境，就是给孩子们提供一个亲身感受不同生活方式的机会，可以在短时间内让孩子看到之前没有见识过的，增长孩子的知识、扩大视野，让孩子充分体验到另一种生活与学习方式。

最重要的是，新环境或陌生环境，能够锻炼孩子的适应能力，这对于孩子来讲十分必要。在孩子的成长过程中，总要经历一些环境的变迁，只有具备强大的适应能力，孩子才能更好地成长、成熟。

作为父母，如果有机会有能力，就要尽可能多给孩子提供不一样的生活环境，让孩子体验不同的生活。那么，如何做到这一点呢？

1. **积极给孩子报名夏令营**。暑假是孩子最期盼也是孩子最喜欢的假期，因为孩子们有将近两个月的时间可以自由支配，千万不要不顾孩子的意愿将暑假生活填满补习班及功课……其实，课业学习仅仅是孩子需要学习的一部分，还有许多方面要顾及、要发展，不能厚此薄彼。暑假，可以将孩子的"课业"往后放一放，不用每天都做作业，要多拿出点时间，让孩子发展其他方面的能力，例如：体验生活、社会实践、情感交流、旅游观光、锻炼身体等。平时孩子都过着简单的两点一线生活，埋首于作业与考试，很少有出去撒欢或拓展视野、看看社会的机会，暑假让孩子多体验，就可以让他们感受到生活的多彩。因此，父母要放下心中的担忧，让孩子到夏令营中去锻炼一番。

2. **培养孩子强大的适应能力**。适应能力是一个人回应环境发展变化的能力。任何孩子的成长都不是一帆风顺的，在孩子的成长过程中，都会经历环境的变迁，或升学、或转学、或换老师……适应能力的强弱，决定了孩子能否在短时间内融入到新环境中。如果孩子适应能力弱，就会受到不好的影响。我们都不可能跟着孩子一辈子，孩子总要从父母提供的完美生活环境中走出来，因此，让孩子迅速适应环境才是最重要的。如果想让孩子的未来少些磨难，就要培养他们强大的适应能力。

技巧6：网络世界，是一座取之不尽的宝库

许多家长反映，自己的孩子整天上网，却不知道他上网干什么。实际中上网玩游戏、上网交友、上网聊天等，严重影响了孩子的学习及视力健康。

父母都在外地工作，小凌从小由爷爷奶奶带大，其实就是留守儿童。小凌从小就缺少玩伴，家人不经常在家，他很少和外界交流，爷爷奶奶看在眼里，心里很不是滋味。因此，不论小凌提出多么无理的要求，爷爷奶奶也会尽力满足，慢慢地小凌变得越来越放肆。

随着年龄的增长及眼界的开阔，小凌接触到了网络。因为没有玩伴，网络便成了他的新爱好。网络游戏成了他寻找内心慰藉、缓解内心孤独、没有父母关爱的发泄口，爷爷奶奶都不懂网络，小凌迷恋网络越来越严重。当父母意识到这一点时已经晚了。

网络是把孩子与世界连接起来的最快纽带。有些父母对网络抱有敌视的态度，害怕孩子产生网瘾，但是在我们这个时代，孩子是不可能与网络脱节的，与其隔离，不如疏导。因此在培育孩子的过程中，一定要教孩子正确地使用网络。

张艺是一名初一的学生,平时成绩还不错,考试成绩一直在班级排名前十。可是最近迷上了网络游戏。每天放学回到家,他就把自己关在书房里偷偷地玩游戏。妈妈说:"我们以前听说过迷恋网游的,但是没想到会发生在自己孩子身上,没见过如此痴迷网络游戏的。第二天就要考试了,可他居然能玩到半夜一两点。叫他去睡觉,他还会吼我几句。"老师也跟她反映说:张艺常常旷课跑出去玩游戏,有时候也会出现在课堂上,但多半都在打瞌睡。

张艺因为长期沉迷于网络游戏,严重影响了自己的学习成绩,从名列前茅到名落孙山,从老师眼中的好学生变成了坏学生。更严重的是,张艺现在已经学不进去了,完全跟不上学习节奏,脑子里总是想着游戏里的情景。

网络的兴起拉近了人们与世界的距离,"上网"也逐渐渗透到很多家庭和孩子的生活。网络的作用不可忽视,但孩子的自控能力还很弱,一定要引导他们正确上网。

网络给人们提供了人和人之间一种全新的交流方式,也是人们获取所需资源的一种重要途径。所以,要教育孩子用健康的心态来使用网络,要告诉他们:除了游戏,网络上还有很多功能可以使用。沉迷其中,就失去了使用网络的根本意义。那么,作为父母应该怎样教育孩子正确、合理地利用网络呢?

1. **引导孩子正确使用网络**。家长要积极做好引导的工作,包括事前引导及事后引导。"事前"指的是提前将上网、学习及做人的道理告诉孩子,遇到事情时,孩子可以做到心中有数;"事后",就是当孩子遇到问题或碰到麻烦时,父母要能够敏感地察觉到,并积极地与孩子沟通、采取合理的对策,帮孩子尽快地走出困境。

2. **记得给孩子列张上网计划**。时间的利用效率决定着孩子未来是否会成功。在网上漫无目的地闲逛，最容易吞噬孩子的时间与意志。所以，作为家长，决不能看着孩子没有规律、无意义地上网打发时间，一定要从小引导孩子养成良好的生活习惯、学习习惯、上网习惯，提高学习的效率。为了做到这些，就要给孩子列一张上网计划，与学习计划一样，规定好什么时间能上网、上网可以浏览哪些内容等。

3. **要发挥好家长的表率作用**。家长要发挥好自己对孩子的表率作用，及时学习充电，了解这个世界的变化，跟上时代的发展。对于计算机、网络等知识，要多少了解一些，并与孩子一起感受网络所带来的便利与快捷。古语云"上梁不正下梁歪"，家长沉迷于网络游戏、网络聊天，孩子自然会看在眼里记在心上，只要有机会便会效仿。如果家长十分抵制网络，不愿意学习网络技术，跟不上时代的发展，孩子也会反感新技术，不愿意接触新事物。